豊かな国語教室のための授業作法

大越 和孝

東洋館出版社

まえがき

群馬県の高崎市のある小学校の研究会で五年生の授業をさせていただいたときに、自分の考えていた以上にうまくいったことがありました。その後の協議会で参会者の男性教諭から、「いつ、子どもたちと打ち合わせたんですか」という質問がありました。

その場では、少し腹が立ちましたが、その後冷静に考えてみると、それほど国語の授業は難しいということを表しているのかもしれません。担任が行っても、なかなか満足できる授業はないのだから、授業の台本のようなものがあると思ったのでしょう。振り返ってみれば、小学校教師三十年の間に、満足できる国語科の授業は数えるほどしかありませんでした。

なぜ、国語の授業は難しいのでしょうか。

授業がよりよく行われるためには、「何を、どのように学習するか」が明確でなければなりません。「何を」というのは学習する内容であり、「どのように」というのは、具体的な学習の仕方です。

学習指導要領を見ても、漢字については、何学年でどの漢字を学習するかをはっきりと示していますが、それ以外の事項は、「内容の中心や場面の様子がよく分かるように音読すること」（中学年）というように示されています。

ですから、「一つの花」（今西祐行）で、この事項を達成しようとすれば、「この場面の内容の中心は何だろう、場面の様子はどのようだろう」ということを一人ひとりの教師が自分で考え、どのように音読させればいいのだろうと考えなければならないのです。

さらに、内容や学習の仕方が決まっても、そのもとになる学習のルール（基本姿勢）が確立されていなければ、目的の達成は不可能になります。学習のルールができているということは、上手な学級経営ができているということでもあります。このように考えると、よりよい国語の授業は、よりよい学級経営と重なる部分が多いということになります。前述の高崎での授業は、担任の先生の学級経営に支えられていたということがわかります。

実際の授業場面を思い浮かべてみましょう。

「ハイ、ハイ」と他の子に負けないように大声で叫び合いながら挙手する学級があります。また、誰かが発言し終わると、一斉に声をそろえて「同じです」「いいです」と、声をあげる学級はかなりあります（本書二ページ）。

教師は、いきいきとした授業、活発な授業を求めますので、これらをよしとして注意もしない教師もいます。けれども、これらは教師の自己満足に過ぎず、明らかに国語の授業のルールに反しています。

子どもたちの話し合いだけで終わってしまう授業もあります。特に、研究授業や参観日に起こりがちです。これも活発な授業を求めるための誤りです。力として、何が定着したかと考えると、よい授業ではないことに気づきます。

現在、教師があまりにも忙しくなっているために、教材研究をしたり、子どもたちと接したりする時間が十分でないという声をよく耳にしますが、どう考えてもおかしなことです。なぜならば、よい授業をするのも、多くの時間を子どもたちと接するのも教師の使命のはずです。

多忙なために、お互いの授業を見て話し合ったり、先輩が後輩の指導をしたりする時間もあまり取れないという実態もあります。

このような現状の中で、よりよい国語の授業をめざす先生方のお役に立つことを願って、実際の授業の体験をもとに本書をまとめてみました。

出版にあたって企画の段階からご高配いただいた大場亨氏と、編集部の方々に厚く御礼申し上げます。ありがとうございました。

二〇一五年二月

大越　和孝

目次

Ⅱ　書くこと

Ⅲ　音　読

Ⅳ　読むこと

V　授業力を高める五つの鉄則

I

話すこと・聞くこと

全員発表の学級づくり
～発表したことを認め合う～

一時間の授業で、学級の半数の子どもが発表をすると、まあまあ活発に見えます。三分の二の子どもが発表すると、とても活発な授業に見えます。だが、豊かな国語教室をめざす教師は、これで満足していてはいけません。三分の一の子どもたちは、四五分の間、一回も発言していないのです。

では、どのようにすれば、全員の子どもが発言するような授業づくりができるのでしょうか。そのための条件をあげてみましょう。

①　学級に支持的風土をつくる

間違ったり勘違いしたりして答えても、馬鹿にしたり笑ったりしないで、温かく受け入れる学級をつくる。「間違ったって、発表したことはすごいんだ」というように、発表内容よりも、発言したことを認め合う学級をつくり出す。

② はじめの段階では、正否にこだわらない

あまり発言しない子が、思い切って発言したのに、教師から「違うよ」と言われたときのショックは大きい。学級の中に自由に思ったことを発言し合う雰囲気ができるまでは、教師はなるべく間違いを指摘しないようにする。よい発言をした子をほめるようにすれば、子どもたちは、自然に正否を感じ取れるようになる。

③ 発言回数を意識させる

発言しなくても気にならなくなったら、その子が発言することは望めない。「この時間はだめだったけど、次の時間には手を挙げるぞ」「この時間は一回だったけど、次は二回発表するぞ」と意識させることが大事である。

支持的風土

Aさん、手を挙げている。すごいな。わたしも、がんばろう。

これは×

はい、はい。
いいです。
同じです。

④ 自分だけ発言したがる子をつくらない

特に低学年では、ハイハイ叫んで自分だけ発言したがる子がいるが、それははずかしいことであるのを徐々に気づかせるようにする。

⑤ 反応の速い子中心の授業にしない

発問するとすぐに手を挙げる子がいる。よく考えないで挙手する子もいる。この子たち中心に授業をすると、じっくり考える子は手を挙げることができない。ゆっくりと考える時間を取ったり、書かせてから答えさせたりすることも必要である。

⑥ 「同じです」は言わない学級にする

指名すると「同じです」と答える子がいる。「同じでもいいから言ってごらん」と促して発表させると、前に答えた子と違う部分のあることも多い。その異なる部分を明確にして提示するのも教師の役目である。また、答えるのが面倒だったり、自信がなかったりするために「同じです」と答える場合もかなりある。同じような内容でも、言わせてみることは、発表の練習にもなる。「同じ」と答えることで、その場をやりすごそうとすることは、支持的風土ができていないことの証でもある。

⑦ 声を揃えての「いいです」は学習の障害になる

一人の子が、「ごんは償いの気持ちで栗や松たけを持っていったと思います」と発表すると、「いいです」とほとんどの子が声を揃える学級も多い。「ごんは、自分を認めてほしいという気持ちもあったんだよな」と思っている子は、「いいです」に圧倒されて、自分の意見が言いにくくなってしまう。「なるべく多くの子が多様な考えを」という原則からはずれた授業になりがちである。

⑧「わかりません」の内面をとらえる

ほとんどわかっているのだけどうまくまとめられない、質問の意味がわからない、まったく答えがわからない等、「わかりません」の内面はさまざまである。「わからない。それじゃ次の子」ではなく、一人ひとりの内面をとらえたことばがけをすることによって、次の機会には答えようという意欲につながっていく。

以上の条件の中で、最も基本になるのは、学級に支持的風土をつくることです。答えたことに対して、馬鹿にしたり、笑ったりする学級では、ある一部の子しか発表しなくなるのは当然のことです。また、発表しない子が多いことを子どものせいにしてはいけません。教師の力量がないから発表しないのです。この自覚こそが、全員発表の学級づくりの出発点となるでしょう。

声の小さい子の指導
～近づいて聞くのは誤った指導法～

学級の中には、声の小さい子とよく通る声で発表する子がいます。学級全体に聞こえるような声で発表する場合には問題はないのですが、声が小さくて全体に聞こえない場合には改善する必要があります。

声の小さい子が発言した場合、ほとんどの教師が、聞き取ろうとしてその子に近づいていきます。これは、誤った方法です。子どもたちは、低学年ほど先生に話そうとする意識が強いので、先生が近づいてくれれば、ますます大きな声で話さないようになります。

では、声の小さい子には、どのように対処すればよいでしょうか。

①　発表している子から離れて聞く

つい近づきたくなりますが、近づくのは逆効果です。その子に、もっと大きな声で話すように励ましながら離れて聞くようにしましょう。

②　学級の仲間に向かって発表することを意識づける

学級の仲間の中で、自分から最も離れた子どもに向かって発表するように意識づけます。最も離れた子に聞こえるということは、全体に聞こえるということになります。

③　大きな声で話す練習をする

発声器官に問題のある場合は大きな声で話すことを強制してはいけません。

そうでない場合は体育館のような場所で、離れ合って話をさせるようにします。ほとんどの子が、自信がなくて大きな声で話せないので、「好きな食べ物」のような決まりきった単純な内容を話すようにさせます。

④　支持的風土をつくる（二ページ）

①　**離れて聞く**

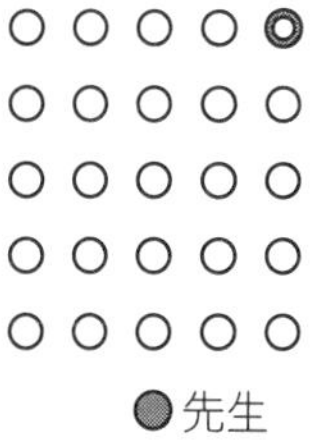

②　**最も遠い仲間に**

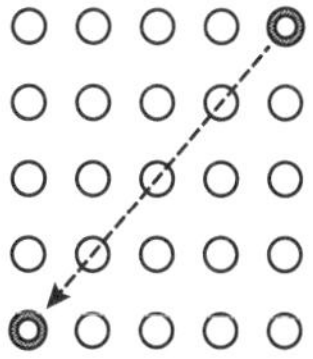

③　**広い場所で**

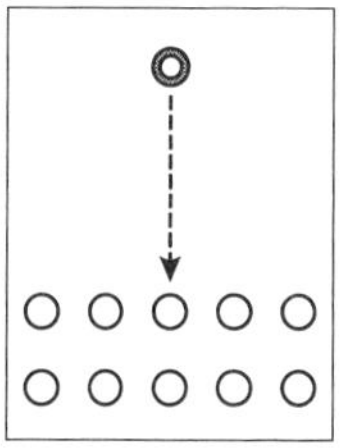

「同じです」を言わない授業
～自分の言葉で答える子に育てる～

一人の子が、「自分が栗を届けていたのが、兵十にわかったので、ごんは喜んでいると思います」と発言すると、一斉に「同じです」（四ページ参照）と声を揃える学級がかなりあります。

活発な授業が行われているように見えますが、あまり好ましいことではありません。

一斉に声を揃えられると、異なる考えのある子は発言しにくくなります。国語の授業で、大事にしなければならないことの一つは、多様性を生かすということです。声を揃えての「同じです」は、多様性否定の発言といえます。

活発であるかどうかの基準は、声を揃えての大声ではなく、自分の考えを自分の言葉ではっきりと発言する子が数多くいるかどうかだと考えるべきです。

また、前に誰かが答えた後に指名すると、「同じです」と発言する子がいます。これも、やめさせたいものです。その理由をあげてみましょう。

① もし、まったく同じ内容を答えたとしても「同じです」の一言で終わるよりも、考えている答えを言うことのほうが、話すことの練習になります。そのような意味でも、考えていることを話させるのは大事なのです。

② 「同じでもいいから言ってごらん」と言って言わせると、低学年ほど、微妙に異なっていることが多いものです。その違いを明らかにして、示してあげるのは教師の力量です。

③ 高学年になると、答えるのが面倒だったり、答えたくなかったりする場合に、「同じです」と言って、その場をやり過ごす子も出てきます。授業中に使わせたくない言葉の一つです。同じような言葉として、「わかりません」をあげることができます。その内容はさまざまです。

・質問の意味がよくわからない。
・間違うとはずかしいので。
・どのように答えたらよいのかわからない。

子どもたちの内面を理解して、適切な言葉がけをすることによって、「わかりません」で済まそうとする子どもは少なくなります。

話す力の公式
～三つの要素を大事にして～

高橋俊三氏（元群馬大学教授）から、話す力の公式というものをお聞きして、「なるほど」と感心したことがあります。子どもたちの話す力の指導に生かすことができると思いますので、わたしなりに解釈し、紹介してみましょう。

次ページの下段にあるのがその公式ですが、三つの要素は以下のように考えることができます。

〈人間性〉スピーチや報告、説明等をすることがあらかじめわかっているときに、準備をしてから話すかどうかの問題です。もちろん、準備をしたほうが上手に話せるでしょう。また、話をしているときに、誠意が感じられるか、だらしない恰好や姿勢で話しているかどうかも、人間性がかかわってくるでしょう。

また、ある程度長い間接している人の場合は、ふだんの言行が一致しているかどうかも重要です。口ではうまいことを言っても、行動が伴わなければ、その人の話には説得力がなくなります。

〈内容力〉話題や話材が大事です。話題や話の材料がその場に合っているかどうかの問題です。また、文章を書くときに組み立てをじっくり考えるように、話をする場合にも、十分に時間をかけて組み立てを考えなければなりません。

〈対応力〉声の大きさ、はっきりとした声、間の取り方、身振り手振り、表情等の問題です。また、メモばかり見ないで聞き手を見て話すことも大事です。

　スピーチの後の話し合いでは、「声が大きくてよく聞こえた」のように、対応力のみ評価されますが、上手な話ができるようになるためには、三つの要素を問題にしなければなりません。

話す力の公式

話す力＝人間性×内容力×対応力

＊かけ算だから、どれか０になると、話全部が０になる。

子ども同士で話し合う

～教師ではなく仲間に話しかける～

日本の教室では、小学校から大学まで、授業中に教師に向かって答えるという形がほとんどです。この原因は、教師自身が、子ども同士の話し合いが行われることが大事だということを認識していないところにあります。

教師が発問をして、子どもが答えるということの繰り返しで話（話し合いになっていない）が進んでいきますから、当然のことながら、一問一答の授業になります。

机の並べ方をコの字型にしても、子どもたちが教師に向かって答えていれば、子ども同士の話し合いにはならないのです。

それでは、どのようにすれば、この課題を解決することができるのでしょうか。

①　子どもに向かって答えさせる

教師のほうを向いてでなく、子どものほうを向いて答える。たとえば、教室の前のほうに座っている子は後ろを向いて答え、右側の列に座っている子は左を向いて答えるのです。つまり、自分から一番遠い子を意識して答えるのです。

②　一度に複数の指名をする

「一人を指名して答える」の繰り返しだと、話し合いになりにくくなります。一つの発問で数名が答え、それを聞いていた他の子どもたちがまた意見を言う、という形になれば、理想的です。

③　多様な答えの出る発問をする

誰かが答えれば、もう他の答えはないという発問をすれば、必然的に一問一答の授業になります。「白い、大きな鳥が飛んできました」という文で、「何が飛んできましたか」「どんな色ですか」のように書いてある内容を問えば、答えは「鳥です」「白です」のように一つしかないのですから、結果は明らかです。

①　**学級の仲間に向かって**

②　**一度に複数を指名する**

対話で授業を活性化させる
～話し合いの基本は対話～

「対話集会」のような言葉も耳にしますが、「対話」とは、本来は、一対一の二人での話し合いを意味します。よりよい対話が成立し、授業に活性化をもたらすために、どのようなことに留意すればよいかを述べてみましょう。

① 対話は、人間関係をつくり、深めるものである

対話は、二人で一つの話を進めていくものですから、どちらかが不誠実であったり、話し合う気がなかったりしたら成立しません。相手を認めながら話を進めることによって、より人間関係を深めていくことができるのです。

② 対話では、必ずしも結論を求めなくてよい

対話している内容によりますが、必ず結論を出さなければならないというものではありません。思考を働かせながら話す、その過程にこそ意味があるのです。無理に結論を求めると、どちらかに不満の残る話し合いになってしまいます。

③　同程度の力の子が話し合うのが望ましい

教師と児童の二人で話し合っても、普通は対話とは言いません。力量がまったく違うからです。よりよい対話になるためには、話題について同じくらいの力の子が話し合うのが理想的です。そうでないと、一方的な話になってしまいます。

④　あらかじめ結論はもっていなくてよい

二人のうちのどちらかの考えが決まっていると、話し合いではなく説得になってしまいます。話し合っていくうちに考えが深まることが大事なのです。

多人数での話し合いは、対話の組み合わせと考えると、より対話の重要性がわかります。

相手の話をうながすことが大事
……と思うけど、君はどうですか。
自問自答は一人での対話
ゆみ子にコスモスを手わたしたのは、……という気持ちを込めたのかなあ。

活発な話し合い成立の条件
～話すことがなければ話せない～

子どもたちの間で活発な話し合いが成立する授業は多くの教師が望んでいますが、なかなかそのようにならないのが現状です。

活発な話し合いが行われるためには、三つの条件が整っていなければなりません。その三条件をあげてみましょう。

〈条件1　話すことがある〉

教師がいくら「話しなさい」「発表しなさい」と促しても、話すこと、話したいことがなければ、話すことはできません。ですから、話すことがあるようにすることが大事になってきます。

話すことがあるようにするためには、十分に時間をかけて考えさせる、書いてから発表させるようにすることです。物語や説明文の読み取りで、線を引いたり書き込みをしたりしてから話し合うのは、話すこと、発表することがあるようにしているのです。

また、話し合わせるための課題を十分に検討するようにしましょう。教師自身が答えを考えてみて、一つか二つしか答えのないものは、話し合いの課題として適していないのです。多様な考えが望めるものがふさわしいということになります。話し合うことにより、考えが深まり、豊かになる課題が理想的なものです。

〈条件2　支持的風土のある学級〉

まず、教師が一人ひとりの子どもの発表を温かく聞く姿勢をもっていなければなりません。それがもとになって、子どもたちも、友達の発言を尊重して聞くようになります。

誰かが発表したときに、馬鹿にして笑ったり、ちゃちゃを入れたりするような学級では、よほど気の強い子しか発表できなくなります。

条件1　話すことがあれば話す

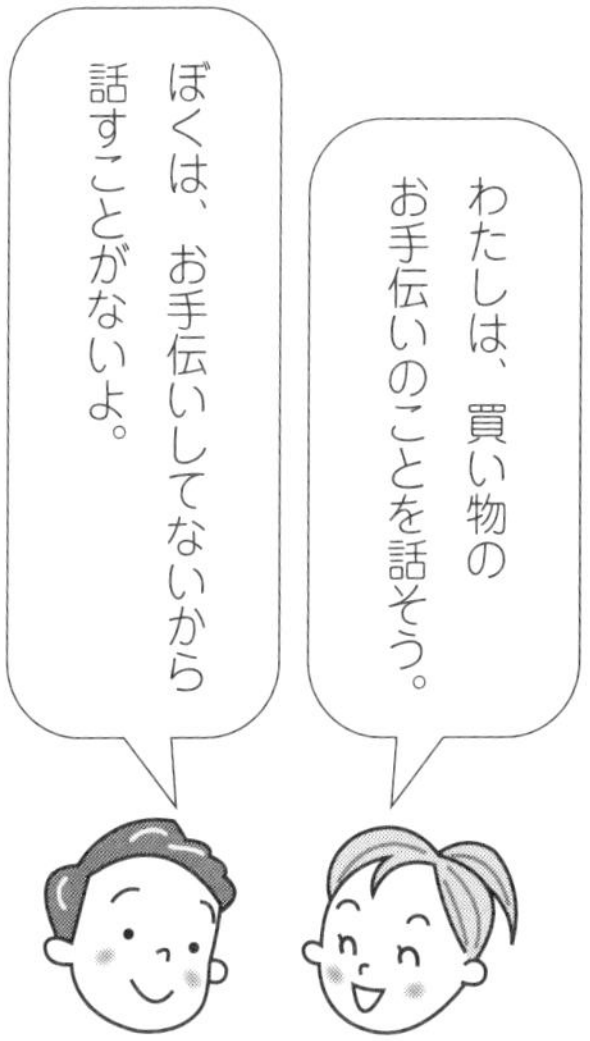
わたしは、買い物のお手伝いのことを話そう。
ぼくは、お手伝いしてないから話すことがないよ。

条件2　支持的風土をつくる

真面目に考えたら、何を言ってもいいんだ。
みんな、馬鹿にしたり笑ったりしないわ。

正答か否かで評価するのではなく、発表したことをすばらしいこととして認め合う学級にすることが大事です。

異なる考えを言う場合も、発言者を否定するのではなく、みんなで話し合って考えを深めているのだということを、一人ひとりの子どもがよく理解しているようにしなければなりません。

これらのことを満足しているのが支持的風土のある学級であり、このような雰囲気をつくることのできる教師は、学級経営が上手なのだということもできます。

〈条件3　言語の知識や技能の習得〉

語彙量が豊富だったり、言葉の使い方を知っていたりすることは、発表のため必要な条件の一つとなるでしょう。

ポートボールのチーム名をつける

司会　どんなチーム名がいいと思いますか。
A　「ドラゴンワン」です。
B　わたしは、「子どもジャイアンツ」。
C　「ライオンタイガー」。
司会　ぼくは、「恐竜」。どうして、そのチーム名がいいんですか。
AB　かっこいいから。
C　強そうだから。
司会　ぼくも、強そうだから。それじゃあ、ジャンケンで決めましょう。

＊課題が適切でないと、話し合いが深まらない。

　また、「ぼくは、Ａさんの考えに賛成です。その理由は、……だからです」のような話型を知っていることは、話型を拠りどころにして発言することもできますので、必要な条件の一つといえましょう。

　けれど、いくら話型を教えても、発言を馬鹿にするような子のいる学級では、活発な話し合いは成立しません。

　三条件の中のどの一つが欠けていても、話し合いは成立しないのです。学級の話し合いがうまくいかない場合は、どの条件を満足していないか真摯に検討してみるようにしましょう。

　活発な話し合いの成立しない学級の教師から、子どもたちに責任を転嫁するような声を聞くことがありますが、自分自身の指導力に問題のあることを認めることが出発点になります。

話し合い成立の三条件

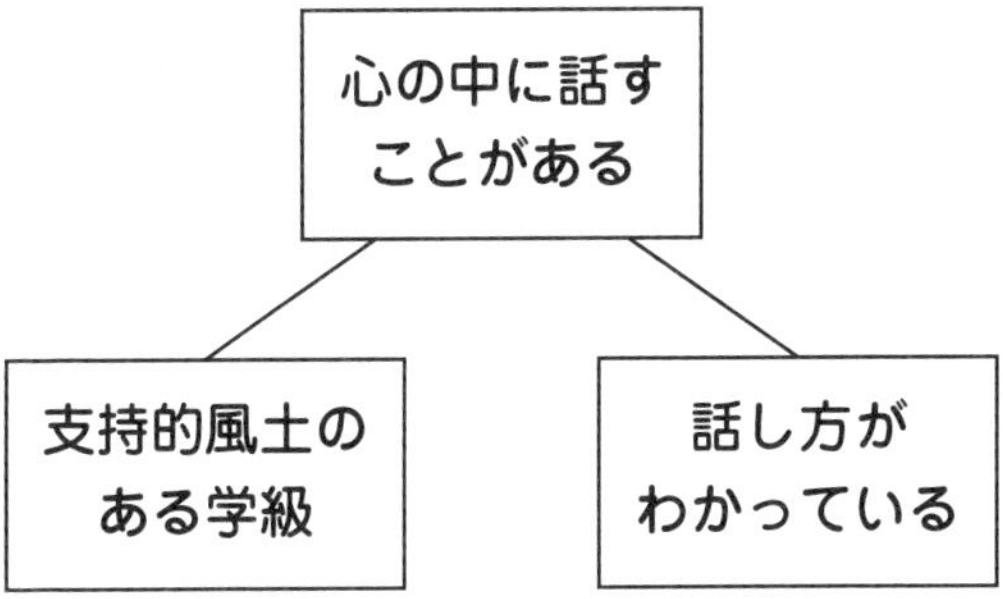

交流のある授業
～前の発言に自分の発言を重ねる～

現行の国語科の小学校学習指導要領を見ると、どの領域にも「……話し合うこと」「……感想を伝え合うこと」「……意見を述べ合うこと」「……発表し合うこと」「……感想を述べ合うこと」のような、いわゆる交流を求めた指導事項が増えています。

研究授業等で国語の授業を参観すると、子どもたちに発言させることを意識している教師も増えてきているのではないかと思われます。だが、残念ながら交流にはなっていないことが多いのが現状です。それは、一人ひとりの子どもが、自分の考えていることを自分の思うままに述べ、前の発言に重ねるということを意識していないからです。

前の発言を受けて発言しなければ、交流は成立しないのです。

〈前の発言との関係を明らかにして発言する〉

前の発言との関係は、だいたい四つの形に分けられます。賛成、反対、一部賛成（大部分反対）、大部分賛成（一部反対）、の四種類です。それぞれの発言の冒頭の言い方を、学年に合わせて身につけさせることが交流成立の大事な要因になります。

　たとえば、「Aさんに賛成です。なぜかというと……」「Bさんとは、違うところがあります。それは……」というような形です。

〈終わりに次の発言を促す〉

　たとえば、次のような終わり方です。

「……と思いますが、みなさんどうですか」や「……だと考えましたが、誰か意見ありますか」のような発言の仕方です。

　形を教えることを極端に嫌う人もいますが、わたしの経験では、子どもたちは、教えた形を乗り越え、多様な形で発言するようになります。

賛成
Aさんの意見に賛成で、ぼくも、残雪は……だと思います。
反対
C君の考えには、反対です。なぜかというと……だからです。
大部分賛成
Bさんと大体同じですが、少し違うところがあります。それは、……です。
一部賛成
Dさんと少し違うところがあります。それは、……です。

リレー発言の効用
～ハンドサインを取り入れて～

リレー発言は、最初に指名された子が自分の発言後、次に発言する子を指名する方式です。子どもたちだけで、次々に指名しながら発言をつないでいく方式です。

〈リレー発言の長所と短所〉

長所は、子ども自身が次の発言者を指名するので、教師が指名する授業に慣れている子どもたちが新鮮さと自由な雰囲気を感じることです。そのために、教師が指名して進めるよりも、子どもの発言が活発になるということがあります。

短所としては、話し合いが深まらない場合があるということがあげられます。教師が指名する場合は、話し合いの方向や、子どもの力や、雰囲気等に配慮し、話し合いがまとまるようにします。子どもが指名する場合は、そこまでは考えられませんので、せっかくまとまりそうだった話し合いが、なかなかまとまらないということが起こりがちだということです。

いずれにせよ、リレー発言のみで授業を進めることは好ましいことではありません。目的によって、さまざまな形を活用することが大事になります。

リレー発言の短所を補う方法として、ハンドサインを取り入れることが考えられます。

〈ハンドサイン〉

ハンドサインとは、挙手しながら自分の発言の方向を手で示すという方法です。「グー」や「チョキ」で挙手することによって、「賛成の意見です」「反対の意見です」「つけたすことがあります」という意思表示をするのです。

発言者は、このサインを見ながら指名することによって、話し合いの方向をコントロールすることができます。

ハンドサインは、教師が指名する形の授業でも有効です。発言する子どもは、賛成か反対か自分の考えを整理することにもなります。

〈リレー発言の話型〉

「……と思いますが、みなさんはどうですか」

〈ハンドサインの例〉

賛成　反対　つけたし

パネルディスカッションによる活発な授業
～子どもたちの主体性を生かす～

話すことの形態はさまざまですが、大きく分けると二つになります。一つは、スピーチや報告など一人で話す独話系列のもの、もう一つは対話や討議など複数の話し合い系列のものです。どちらの系列も大事ですが、その特色を生かして指導しなければ、学習効果はあがりません。

パネルディスカッションは、話し合いを深めるためにも、話す力をつけるためにも有効で、子どもたちの主体性を生かすことのできるものですが、残念ながら小学校ではあまり活用されていません。その内容と具体的な進め方を「一つの花」を例に紹介してみましょう。この方法は低学年では難しく、四年生くらいから可能になってくると考えていいでしょう。

この話し合いが効果をあげ、継続して行われるためには、四～五名の固定したグループをつくり、グループごとに、一人ひとり、アトランダムに番号をつけておきます。前の時間に二番の子がパネラーになったら、次の時間は三番の子というように、すぐに話し合いに入れるようにしておきます。

① 本時に学習する場面を自力で読む

学習する場面を、観点をもとに（一〇八ページ参照）、傍線を引いたり書き込みをしたりしながら自分なりに読み取る。これがしっかりできていないと、話し合いに積極的に参加できない。

② グループごとに読み取ったことを話し合う

慣れてきたらこの話し合いは省略できるが、慣れるまではパネラーになる子に自信をもたせるために必要である。自分のグループの仲間が、自分の考えを認めてくれているという自信をもたせるためである。

③ パネラーが前に出て話し合う

パネラーは、五～六人になるようにし、その中から司会者を一人決める。話し合いは、段落などで区切り、「パネラー→全員→パネラー→全員」と繰り返して話し合いを続けるようにする。

●お母さんが、ゆみ子を一生けんめいあやしているうちに、お父さんが、ぷいといなくなってしまいました。

パネラーの話し合い

司会　この部分で意見のある人いますか。

C　お母さんは、「ゆみ子、早く泣きやんで」と言いながら、一生懸命あやしたと思います。

C　ぼくも、やっぱり、早く泣きやんでほしいと心の中で思っていたと思います。

（略）

全員の話し合い

司会　わたしも、Sさんと同じ考えなんだけれど、それはとてもお腹がすいていたからだと思いました。ほかにありますか。では、みなさんどうですか。

このような形で、パネラーの話し合い、全員での話し合いを繰り返す。最後に司会者は、自

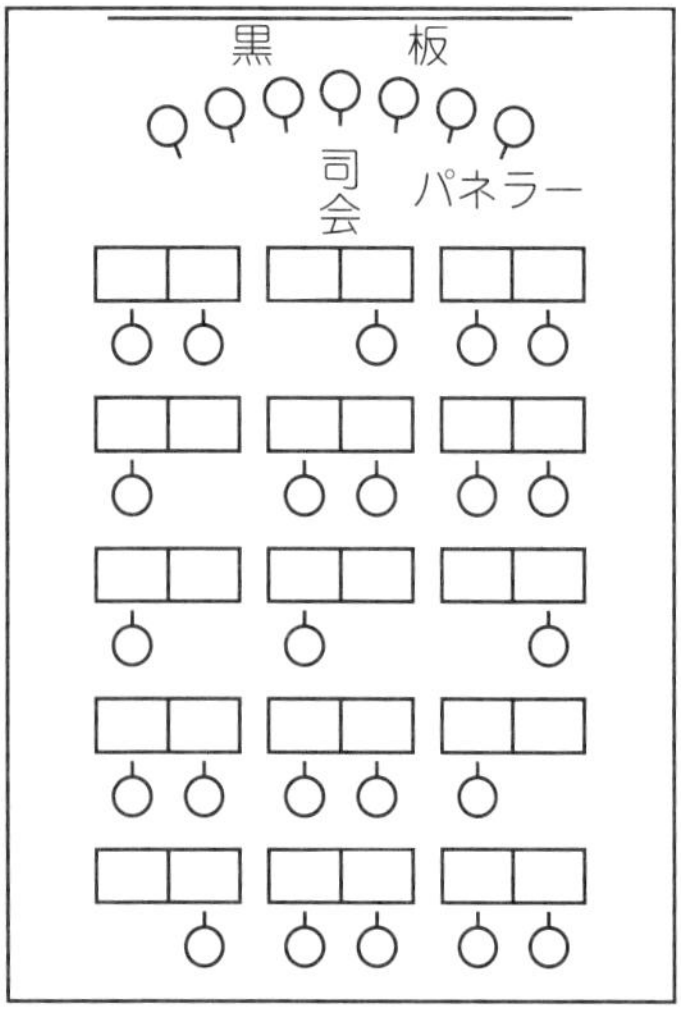

分たちの話し合いの仕方についての意見を聞くようにする。これも、話し合いのレベルの向上のためには大事である。

司会　わたしたちの話し合いの仕方について意見のある人。

C　W君とN君が、ぼくの気がつかないことを言ってくれた。

C　Kさんの司会、先生にこうしなさいとか言われる前に、自分の考えで進めていたので上手だった。

この形式の利点は、ふだんはあまり発言しないような子でも、パネラーとしての話し合いを重ねることによって、徐々に発言できるようになっていくことです。司会も子どもがするので、子どもたちは新鮮さを感じ、より活発に発言するようになります。

欠点としては、教師の深めたかったことからずれてしまうことがあることです。このような話し合いに陥らないためには、子どもたちに司会をするための力をつけなければなりません。そのために、二、三回試みてうまくいかないからやめるということではなく、繰り返すことが大事です。その中で、話し合いの焦点に合わせて発言する力、友達の発言に関連づけて発言することや、賛否を明確にして発言することの大事さを学んでいきます。

低学年　話すことの基本十か条
～順序立てて話す～

低学年で、話をするときの基本をしっかり身につけておくことは、後の学年でよりよい学習が成立するためには、とても重要なことです。低学年のうちに身につけておかないと、中・高学年になってからでは身につきにくいこともあります。「毎日、話をして生活しているのだから、特別に指導しなくても、年齢とともに自然とそれなりの話ができるようになるよ」と考えるのは、明らかな間違いです。

1　幼児音やなまりのない話をすることができる。

2　主述をはっきりさせて、最後まで聞こえるように話すことができる。

3　聞き手を見て話すことができる。

話題

・身近な生活経験

・聞いたことや読んだこと

技能

・幼児音を直す

4　日常の簡単な挨拶を明るく笑顔ですることができる。
5　知らない人がいても話すことができる。
6　明るくはきはきとした声で話すことができる。
7　聞きたいと思ったことを質問することができる。
8　身近な生活経験を話すことができる。
9　人から聞いたことや、本で読んだことを話すことができる。
10　簡単な内容なら順序立てて話すことができる。

・主述をはっきり
・順序立てて

意欲・態度

・聞き手を見て
・挨拶ができる
・知らない人の前で話す
・明るくはきはきとした声
・質問できる

話す力には、「姿勢よく」とか「はずかしがらないで」のような態度的な面、「話の順序」のような内容面、「大きい声で」のような対応力の面があります。この三つの面（一〇ページ）を意識して指導していくことが大事になってきます。

ごくまれですが、大学生でも、きちんと挨拶ができなかったり、相手を見て話せなかったりする人がいます。大学生になってからでは、注意してもすぐには直りません。また、主語がないためわかりにくい話もあります。いかに小学校低学年での話の学習が大事かを表しています。

中学年　話すことの基本十か条

～要点・中心を明確に話す～

現在の成人社会では、「物言えば唇寒し秋の風」のような考え方は通用しません。言わなくてもいいことをべらべらしゃべる、いわゆるおしゃべりは感心しませんが、必要な主張はきちんと話せることが大事です。

また、小学校においても、一人ひとりが自分の考えをきちんと話せることが、よい学習が成立するための条件になります。中学年は、低学年で身につけた話す力をもとに、高学年で発展させるための橋渡しの時期ですので、つけるべき力を育てるようにしなければなりません。

1　上手に話そうとする意欲をもって、話すことができる。
2　明るく楽しんで話すことができる。
3　正しい言葉遣いで話すことができる。

話題
・読んだ本　観察　見学

技能
・言葉遣い

4　中心の明確な筋の通った話ができる。
5　適度な速さで話すことができる。
6　話のはじめとおわりに気をつけて話すことができる。
7　要点をまとめて簡潔に話すことができる。
8　理由をもとに、自分の考えを話すことができる。
9　読んだ本について、要点をとらえて話すことができる。
10　観察したことや見学したことを、順序立てて話すことができる。

・中心の明確な筋の通った話
・適度な速さ
・話のはじめとおわり（組み立て）
・要点を簡潔に
・理由に基づく考え
・順序立てて

意欲・態度

・上手に話す意欲
・明るく楽しんで

以上のような話す力を身につけさせたいのですが、低学年でつけておかなければならない基本を確かめながら学習することも大事です。低学年は、自分とは異なる考えの教師の指導を受けています。ですから、たとえば、「先生のほうばかりを向いて話すのではなく、聞いているみんなに向かって話す」「小さすぎたり、大きすぎたりしない、場に合った声で話す」「発言の最後が聞こえなくなるような話し方はしない」のような低学年でつけなければならない力がついているかを確かめながら、学習を進めるようにしましょう。

高学年　話すことの基本十か条

～場や目的に応じて話す～

高学年では、場や目的に応じて話すことができる力が求められています。けれども、日本人は、このような適応力が不足しているといわれます。この傾向は、子どもたちにも見られます。たとえば、相手に対して、お礼を言っているとき、謝っているとき、説得しようとしているときには、それぞれ違った話し方が必要ですが、それが的確にできないということです。

場や目的に合った話し方ができるための基本として、次のようなことを身につけておく必要があります。

1　聞き手の気持ちを考えて話をすることができる。

2　身振りや手振りや表情に気をつけて話すことができる。

3　敬語を使って話すことができる。

技能

・敬語の使用

4　時間を考えて計画的に話すことができる。
5　語句を選択して的確に話すことができる。
6　グループや学級全体での話し合いの司会ができる。
7　グループの話し合いをまとめて、全体に話すことができる。
8　簡潔なメモをもとに、話をふくらませて話すことができる。
9　資料をもとに、わかりやすい説明、報告などができる。
10　自分の考え（意見）をまとめ、内容を整理して話すことができる。

・計画的に話す
・語句の選択
・話し合いの司会
・まとめて話す
・簡潔なメモをもとに
・資料をもとに
・整理して話す

態度

・聞き手の気持ち
・身振り　手振り　表情

何のために、どのようなことを話そうとしているのかが明確でなければ、当然相手には伝わりにくくなります。高学年であれば、「たずねる」「同調を求める」「説得する」「自分の気持ちを聞いてもらう」「相手の意見に賛成する」「相手の意見に反対する」「相手を励ます」などの目的によって、異なる話し方ができるようにしたいものです。

聞く力を育てる
～聞き取る練習をする～

学習指導要領の音声言語の領域は、以前は「聞くこと・話すこと」でしたが、現在は「話すこと・聞くこと」と示されています。これは、表現力重視の表れでしょうが、聞いて理解する力（学習指導要領の聞く力）の大事なことを否定する人はいないでしょう。小学校教育の基本は聞くことである、と考える教師は少なくありません。

このように大事な聞く力ですが、指導法が確立しているとはいえない現状です。聞く力は、外から見えにくいというところに、指導の難しさがあります。顔は話し手のほうを向いていても、頭の中では他のことを考えているというのはよくあることです。

聞く力を分析して、その指導法を考えてみましょう。

以前、倉澤栄吉先生が、研究会の授業後の講義（東京都青年国語研究会）で、聞くことを次のページの下段のように分類されたことがあります。

学習指導要領と聞く力

	目標	指導事項
低	大事なことを落とさないように聞く能力	大事なことを落とさないようにしながら、興味を持って聞くこと。
中	話の中心に気を付けて聞く能力	話の中心に気を付けて聞き、質問したり感想を述べたりすること。
高	相手の意図をつかみながら聞く能力	話し手の意図をとらえながら聞き、自分の意見と比べるなどして考えをまとめること。

聞く力の分類

- **聞く力**
  - 聞き浸り
    - 聞き浸る（鑑賞的）
  - 聞き分け
    - 聞き分ける（論理的）
    - 聞き咎める（批判的）
    - 聞き合う（相互的）
    - 聞き出す（主体的）
    - 聞き集める（情報収集）

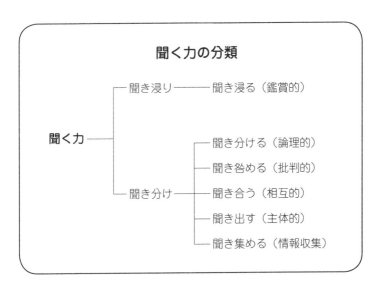

下段の分類を、わたしなりに説明してみましょう。

聞くことは、大きく、「聞き浸り」と「聞き分け」に分けることができます。聞き浸りは心情的なものです。音楽の授業で名曲を鑑賞したり、国語で先生の物語の読み聞かせを聞いたりすることが聞き浸りになるでしょう。

聞き分けは思考的なもので、頭をはたらかせながら聞く行為です。聞き分けは、さらに、五つに分類することができます。

聞き分ける 論理的なものであり、「今は具体的な例を話しているな」「自分の考えを話しているな」のように、聞き分けながら聞くことです。聞きながら、自分なりに判断しているのです。

聞き咎める 批判的なものであり、「そんなことが、本当に正しいのかなあ。好き嫌いで決めているのではないだろうか」のように、批判的に聞くようにすることです。聞きながら、自分なりに評価したり価値判断したりしていることになります。

聞き合う 相互的なものです。誰かが話した後に、他の誰かが話すというように、順序よく話したり聞いたりすることです。教室でよく行われる、学級全体の話し合いや、グループでの話し合いがこれにあたります。話し合いは聞き合いであり、よい聞き手がいなければ成立しません。お互いの話を聞くことによって聞き深めることができれば、よい聞き合いだということになります。

聞き出す　主体的な行為と考えることができます。なぜならば、ただ聞くだけではなく、自分の聞きたいことを聞くからです。聞いてたずねることによって話し手から聞き出すことができるので、質問することがこれにあたります。

聞き集める　情報収集と言うことができるでしょう。総合的な学習の時間に、さまざまな人にインタビューをして、情報を集める活動がこれにあたります。

このように分類してみると、聞く力として、「聞き落とさない」「聞き誤らない」「ゆがめて聞かない」などの正確に聞く力と、「選んで聞く」「補って聞く」「判断しながら聞く」「批判しながら聞く」「聞いたことを活用する」などの主体的に聞く力が求められていることがわかります。いずれの力も、話すことと同じように、具体的な経験でしか身につけることができません。

確かな聞く力のためには、観点に合わせた意図的な話を構成して聞く練習をする必要があります。たとえば、具体的事実と意見を組み合わせた話を聞かせ、聞いた後に、具体例と意見を答えさせるというような方法です。また、全校集会での校長先生の話を、教室で問い直すような機会を設けることによって、聞いた話を覚えるという習慣も身につくようになるでしょう。

低学年　聞くことの基本十か条

～聞く力は低学年で決まる～

学習指導要領で、「聞くこと・話すこと」が、「話すこと・聞くこと」に改められて、表現重視と言われるようになってずいぶん時間が経ちますが、学習の基本は聞くことであると考えている教師が多いのが実態です。また、大部分の教師が、聞くことの基本は低学年で身につけなければならないと考えています。

低学年における、基本となる条件をあげてみましょう。

1　みんなの仲間に入って、楽しんで話を聞くことができる。

2　いたずらをしないで姿勢よく聞くことができる。

3　話し手の顔を見て、静かに聞くことができる。

態度

・楽しんで聞く
・姿勢よく聞く
・話し手を見て聞く
・呼ばれたら返事をする

4　名前を呼ばれたら、きちんと返事ができる。
5　たずねられたことを聞き取って、答えることができる。
6　聞き取った指示のとおりにやることができる。
7　簡単な話を聞いて、復唱することができる。
8　大事な点を落とさないように、聞き取ることができる。
9　場面を思い浮かべながら物語を聞くことができる。
10　順序に気をつけながら、少し長い話を聞くことができる。

技能
・たずねられたら答える
・指示どおりにできる
・復唱できる
・大事な点を聞き取る
・場面を思い浮かべる
・順序を聞き取る

　低学年で、話を聞いている他の子どもたちの学習の妨げになるのが、「ハイハイ」言いながら手をあげる子の存在です。ハイハイ言っていると、学習が活発であるかのように勘違いし、ほとんど注意しない教師もいますが、誤った指導法です。

　表面的でじっくりと考える必要のない発問を繰り返す教師、子どもたちの競争心をあおる教師の学級で、このような現象が起こります。ハイハイとわめく子は、他の子の思考の妨げになるばかりでなく、本人も思考がはたらいていない状態なのです。ハイハイ叫んだら、絶対に指名しないという約束を徹底させるべきです。

中学年　聞くことの基本十か条
～中心や要点を押さえて聞く～

話を聞き取るためには、話し手の顔を見ながら聞く、話に反応を示しながら聞く、要点をとらえながら聞くなどのことが基本となります。これらのことは、低学年のうちから身につけておかなければならないことです。中学年では、これらの中の、要点を聞き取る力を確実に定着させ、より高度になる高学年へと結びつけるようにしなければなりません。

中学年では、次のようなことを習得させるようにしましょう。

1　話し手が話しやすい態度で聞くことができる。
2　話し手の気持ちを考えながら聞くことができる。
3　話し手の考えを尊重して聞くことができる。
4　新たな知識を得るために聞くことができる。

意欲・態度

・話しやすい態度
・話し手の気持ちを考えて
・話し手の考えを尊重して
・聞いて知識や語彙を得る

5　聞くことを通して、語彙を豊かにすることができる。
6　感想や質問がもてるように聞くことができる。
7　話の中心や要点を押さえて聞くことができる。
8　自分の経験と比べながら聞くことができる。
9　順序を押さえて、話のあらすじを聞き取ることができる。
10　話し手の言いたいことを、的確にとらえることができる。

技能

・感想や質問をもつ
・中心や要点を押さえる
・経験と比べながら
・順序を押さえる
・言いたいことをとらえる

中学年の子どもたちが、話の内容を正しく聞き取るためには、話しはじめから話題をつかむ、順序を表す言葉に注意して聞く、話の区切りに着目して要点をつかむ、具体例と意見を考えながら聞くなどのことが大事になってきます。

このような訓練をし、よい聞き手を育てるためには、日常的な教師の話が大事な学習材となります。教師は、そのことを意識して、「はっきりとした発音で滑舌よく話す」「間に注意して聞き取りやすく話す」「要点を明確にして話す」「具体例と意見を区別して話す」「身振り手振りも入れて話す」などを心がけるようにしましょう。子どもたちの聞く力を育てるためには、わかりやすい上手な話のできる教師が必要だということになります。

高学年　聞くことの基本十か条

～話し手の意図を考えながら聞く～

高学年になると、大部分の子が落ち着いて話を聞くようになり、学級全体として、聞く態度や能力がほぼできあがったように見えます。けれども、実際には、一人ひとりによって話の理解度にはかなりの開きのあることが多いのです。

高学年の聞く力として大事な、話し手の意図を聞き取ったり、批判的な視点ももって聞いたりするためには、一人ひとりに、次のような力を身につけておかなければならないでしょう。

1　話し手に偏見をもたず、公平な態度で聞くことができる。
2　内容に合わせて準備をして聞くことができる。
3　言葉遣いの良し悪しにも気をつけて聞くことができる。
4　聞いたことを鵜呑みにしないで、疑問点は聞き返すこと

意欲・態度
・公平に聞く
・準備をして聞く

技能

ができる。
5　要点をメモしながら聞くことができる。
6　話し手の上手な点をとらえながら聞くことができる。
7　事実かどうかを考えながら話を聞くことができる。
8　話し手の意図を考えながら聞くことができる。
9　聞きながら、自分の考えをまとめることができる。
10　聞いた話を学習や生活に役立てることができる。

・言葉遣いの良し悪し
・疑問点を聞き返す
・要点をメモ
・上手な点をとらえる
・事実かどうか
・話し手の意図
・聞いて考えをまとめる
・聞いて役立てる

日常的に聞くことを繰り返しているのだから、取り立てて指導をしなくても、学年に応じて自然に身につくだろうと考えるのは誤りです。機会や場を設定し、意図的に学習するようにしなければ、高学年相応の聞く力を育てることはできません。

たとえば、「学校生活の中でのいろいろな集会を活用し、そのときに話されたことを聞き取る」「調べたことの報告など、科学的、論理的な話を筋道に気をつけて聞き取る」「見学したときに話された内容をメモしながら聞き取る」などが考えられます。いずれの場合も聞いて終わりではなく、聞いたことを発表し合って、確認することが大事になってきます。

Ⅱ 書くこと

ノートのマス目に合わせた板書
～全員の書く速さを揃える～

教科書の教材文を拡大してコピーし、それを黒板に掲示して進める授業をよく見るようになりました。このような授業には、いくつかの共通する特性があります。

・子どもたちが教科書を開かない。　・ノートに書くことをしない。
・ほとんど教材の文章を音読しない。　・教師が板書をしない。

この形の授業は、よい授業と言えるのでしょうか。わたしは、否定的です。なぜならば、子どもたちの活動のバランス（一三〇ページ）がまったくとれていないからです。

この形の授業と、まったく反対の形の授業があります。低学年を例に、それを紹介してみましょう。

① 本時に学習する部分を板書する

教師は、語句のまとまりごとに、声に出しながら、子どもたちのノートのマス目と書く速さを考えながら板書をする。

②　子どもたちは、ノートに書き写す

子どもたちも、教師の板書に合わせて、声に出しながらノートに書く。

この方法を用いると、学級全体の書くスピードが徐々に揃ってくる、原稿用紙の使い方が自然に身につく、書くことで文章理解を深めるなどの利点があります。はじめのうちは遅れる子がいますが、繰り返すことによって、全員が同じ速さで書けるようになってきます。

授業の中で、積極的に書く活動を取り入れていかなければなりませんが、書くのが遅い子がいると実際には無理だということになってしまいます。

中学年では大事な部分だけ板書して視写するようにし、高学年では教科書を直接視写するようにします。

〈教科書の文章〉

これは、はちどりの
くちばしです。
はちどりは、ほそながい
くちばしを、はなの　なかに
いれます。
（光村　一上）

〈子どものノートに合わせた板書〉

これは、はちどりの
くちばしです。
はちどりは、ほそな
がいくちばしを、はな
のなかにいれます。
（十マスのノート使用）

作文の書き出し
～「ぼくは」「わたしは」を乗り越えて～

子どもたちの作文を読むと、「ぼくは、きのう、公園で、伊藤君たちとサッカーをしました」のように、「ぼくは」「わたしは」、いつ、どこで、だれと、何をしたかで書き始めるのが多いことに気づきます。「ぼくは」「わたしは」で書き始めることは、悪いことではありませんが、どの作文も同じ形になることは、決して好ましいことではありません。

なぜこのようになるかというと、書き出しの書き方を学習したことがないからです。低・中・高学年で、それぞれ一回は、書き出しを取り立てて指導する必要があります。

どのような書き出しがあるかを、例をあげてみましょう。

① 時間、時

・二時に、図書館で会う約束をしていたのに、まだ、だれも来ていません。
・明日から、日光の移動教室が始まります。

＊過去の経験を書かせる作文が多いが、未来に目を向けることも大事。

② 天気

・雲一つない、真っ青な空。

③ 様子、景色

・向こうから来る人がたくさんいて、思ったように歩けない。

・中禅寺湖は大きくて、波が立っているのでびっくりしました。

④ 他の人（説明・関係）

・森村さんは、優しくて、勇気のある人だと思います。

・ぼくには、八才も年上の兄がいます。

⑤ 気持ち

・ぼくは、体育は好きだが走るのは嫌いだ。

⑥ 行動

・テープをめざして、全速力で走った。

⑦ 会話、音

・「がんばれ、もうすぐ頂上だぞ。」
先生のはげます声が聞こえてきた。

・「ピー」と合図の笛が鳴った。

⑧ 意見

・空きかんのポイすては、絶対にするべきではない。

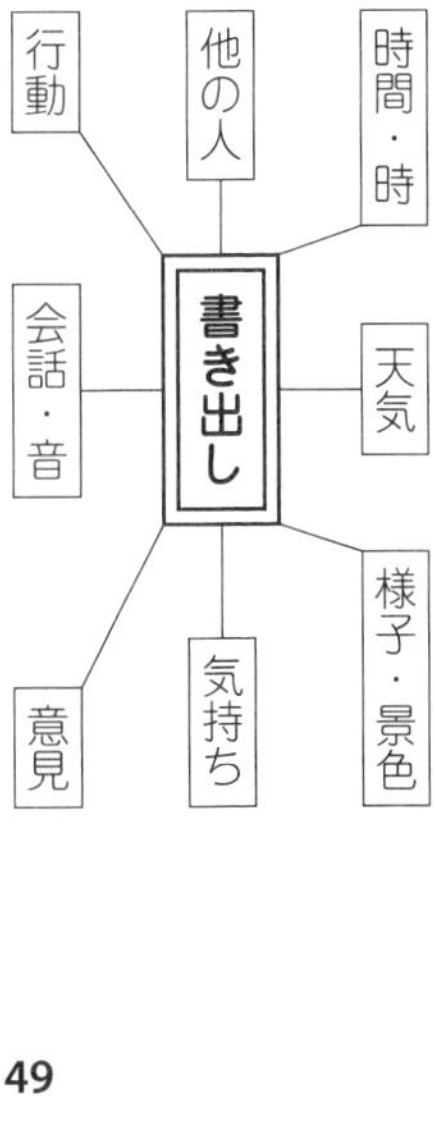

吹き出しの書かせ方
～視点をはっきりさせて～

吹き出しは、何のために書かせるのでしょう。

吹き出しを書くことによって、登場人物になりきり、その場面の登場人物の気持ちを深めることができるからです。

吹き出しを書くときに気をつけなければならないことがあります。それは、登場人物になって一人称の形で書くか、登場人物に向かって二人称の形で書くか、感想の形の三人称で書くか、視点をはっきりとさせておくことです。

研究会のときに、これが統一されていない授業を見

一人称の視点
うなぎをにがしたりしなけりゃよかったな。
二人称
ごん、なんで、うなぎをにがしたりしたの。
三人称
ごんは、きっとさびしかったのだ。

ることがあります。吹き出しを書いた後は、それを読み合いますが、教師も子どもたちも、異なる立場で書いているものを発表しても気にしていないというのが実態です。書く前に、どのような立場で書くかをはっきりさせましょう。①であれば、大造じいさんになって書くか、大造じいさんに向かって呼びかけるように書くか、第三者的に感想を書くかということです。

①　吹き出しだけを書く

> 大造じいさんは、このぬま地をかり場にしていたが、いつごろからか、この残雪が来るようになってから、一わのがんも手に入れることができなくなったので、いまいましく思っていました。
>
> （「大造じいさんとがん」五年）

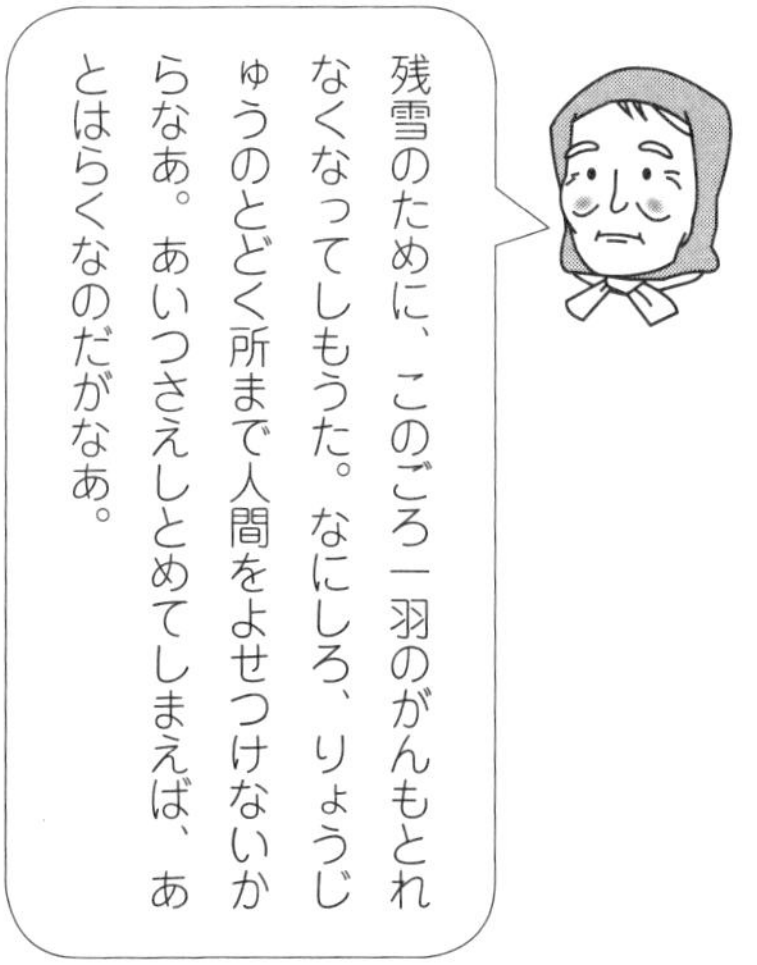
残雪のために、このごろ一羽のがんもとれなくなってしもうた。なにしろ、りょうじゅうのとどく所まで人間をよせつけないからなあ。あいつさえしとめてしまえば、あとはらくなのだがなあ。

② 本文に吹き出しをはさみ込んで書く

ごんは、ぐったりと目をつぶったまま、うなずきました。（「ごんぎつね」四年）

ごんは、「兵十さん、ぼくは少しもうらんでないよ。ぼくがいたずらをしたのが悪いのだし、最後には気持ちをわかってくれたもの。ひとりぼっちって、とてもさみしいね。」とうなずきました。

③ 本文の会話をふくらませて吹き出しを書く

これもあの残雪が、なかまを指導してやったにちがいありません。

「ううむ。」

大造じいさんは、思わずかんたんの声をもらしてしまいました。（「大造じいさんとがん」五年）

ううむ。せっかく成功すると思っていたのに、またしても残雪にしてやられてしまった。残雪もなかなかやるなあ。今までは、他のがんよりも、少しだけ頭がよいと思っていたが、どうもそれどころではないぞ。他のがんとはくらべものにならないようだな。しかし、きっといつかつかまえて、おまえをとっちめてやる。

④ 描写と吹き出しを書く

けれども、だれもふりむいてくれません。しかたなく、じいさまは帰ることにしました。

（「かさこじぞう」二年）

夕方ちかくになってきました。とてもにぎやかだった町も、人が一人へり、二人へりと、すくなくなってきました。そして、だんだん風の音も強くなってきました。「ああ、かさこはうれんし、さむくなってくるし、はやくかえりたいな。でも、いまかえれば、ばあさまは、がっかりするじゃろうのう。」と、じいさまは思いました。

場面の情景を描く
～頭の中に思い描いて書く～

場面の様子や情景を描く学習は、指導要領の「読むこと」において、すべての学年に取り上げられています。わたしも、文学作品では、「文章の叙述に即して生き生きとしたイメージを描きながら読む」ということを大事な指導目標にしていました。

場面の様子や情景を読み取らせるためには、頭の中に浮かんできたことを発表させる指導がほとんどですが、書かせてみることも大事です。友達の発表するのを聞いただけでは、頭の中にしっかりと思い浮かべることができずに、すぐに消えてしまう子も多いからです。

そこで、一人ひとりの子どもの頭の中に、場面の様子や情景を絵のように思い浮かばせ、浮かんできた頭の中の絵を見て、文章に書かせるのです。はじめのうちはあまり書けませんが、慣れてくるにしたがって、浮かんできた絵の細かいところまで見ることができるようになって、くわしく書くことができるようになります。

東の空が真っ赤に燃えて、朝がきました。

残雪は、いつものように群れの先頭にたって、美しい朝の空を、真一文字に横切ってやってきました。

（「大造じいさんとがん」五年）

⬇

山々が真っ赤に光り、まるで山火事のようでした。朝のすずしい風を近くの木々が、サラサラと音をたてて飲んでいるようでした。

真一文字にやってきたがんの群れは、一直線に少しも列をくずさぬようにと気を配って飛んでいるようでした。大空に「1」という字を書きながら飛んできました。


このようにして、書いたものをグループ内で発表し合ったり、学級全体で発表し合ったりして、イメージを豊かで、確かなものにしていきます。場合によっては、ワークシートに書いて、掲示して読み合うのもいいでしょう。毎時間書くことはできませんが、時にはこのような学習が必要でしょう。

がんたちは、どのように飛んでいるのかな。
朝の山の様子を思い浮かべてみよう。

一次感想を生かす
～書いた感想を授業に取り入れる～

一次感想（初発の感想）の書かせ方には、大きく分けて二つの形があります。一つは、いわゆる感想文として書かせる形です。もう一つは、箇条書きで書かせる形です。

感想文の形で書かせる場合は、単元のはじめに書かせた一次感想文と、おわりの部分で書かせた二次感想文を比べて、一人ひとりの子どもの深まりや豊かさを見ることが主なねらいになります。ある子どもの書いたものが、はじめもおわりもまったく深まりが見られなかったとすれば、その子にとっては、学習した意味があまりなかったということになります。

一次感想を箇条書きで書かせても、二次は感想文の形で書かせることになるでしょうから、比較する場合には適さないということになります。

では、何のために箇条書きで書かせるのでしょうか。二つの理由が考えられます。一つは、箇条書きだと、慣れれば力のない子でも、いくつかは書けるということです。もう一つの理由は、箇条書きだと教材文のどの部分に反応しているかがつかみやすく、その後の学習に生かしやすいということです。教師の教科書の空白の部分に、場面ごとに反応している子どもの名前を書き入れておけば、その子の感想を取り入れながら授業を進めることができ、授業を活性化できるという利点があります。

ところで、一次感想を書くことに肯定的な意見をもつ人と、否定的な意見をもつ人がいます。参考までに、代表的な意見をあげておきましょう。

〈肯定的な考え〉

・読みの課題を子ども自身が見つけ、学習意欲をもつことができる。（子ども）
・他の子どもの感想と比べ、自分の読み取りの深さを比べられる。（子ども）
・言葉に書き表すことで、その時点での考えをまとめられる。（子ども）
・子どもの読みの実態をつかみ、その後の指導計画のめやすになる。（教師）
・子どもの感想を取り入れながら授業を進められ、授業の活性化が図られる。（教師）

〈否定的な考え〉

・内容の読み取りが不十分な段階での感想は、主観的なものになりやすい。（子ども）

・この段階で主題に迫る感想があったとしても、それは、直感的なものである。（子ども）
・思いつきの感想を発表し合っても、読みは深まらない。（子ども）
・作品に接して間がない段階では、本当の感動は表現できないことがある。（子ども）
・感想をもとに学習計画を立てるのではなく、教材研究によってなされるべきだ。（教師）

どちらの主張にも、認められるところはありますが、書かれた感想をその後の授業に生かしていくということを主眼にしますと、箇条書きが適していると考えられます。

実際に子どもが書いた例をあげてみましょう。

①、②は当時の状況が理解されているかどうかにかかわってくる感想であるが、②を読むとまったく状況を理解していないことがわかります。したがって、この物語を読み進めるためには、当時の状況を子どもなりに理解させる必要があるということになります。

①　ゆみ子は、「一つだけちょうだい。」という言葉を覚えて、何でも一つだけしかもらえないのでかわいそうだと思いました。

②　一つだけの喜びなんて、とてもかわいそうで、お父さんやお母さんは、だまっているだけでなく、ゆみ子の口ぐせを、なおすように努力すればいいと思いました。

③　なぜお父さんは、ゆみ子に高い高いをしたかというと、高い高いをすれば「一つだけ」という言葉も楽しさのほうにむちゅうになって、わすれると思ったからです。

④　大事なお米で作ったおにぎりを、ゆみ子は全部食べてしまって、お父さんは、食べたかったなあと思い、ゆみ子をしかるのがふつうだけど、このお父さんは、小さいから仕方がないと思ったのでしょう。

⑤　お父さんは、なぜゆみ子にコスモスをあげたかというと、お父さんのことをわすれないでほしいという気持ちを、コスモスの中に入れたんだと思いました。

（四年「一つの花」の箇条書きの一次感想）

③に目が向いていることは、すばらしいことですが、ゆみ子の立場からしか見ていません。父親の立場から考えさせる必要があることがわかります。

⑤は、主題にかかわる大事な感想です。「一つだけのお花、大事にするんだよう――」は、たんに花を大事にすることなのかを、十分に話し合わせたり、書いたりする必要があります。

一人の子の感想だけでも、箇条書きにすることによって、以後の学習に役立てることができるのがわかります。

いずれにせよ、書いた感想を生かすようにしなければなりません。自分たちの書いたものが生かされているという、子どもたち一人ひとりの実感が、次の書くことへの意欲に結びついていきます。

感想の書かせ方
～どのように書くかを教えて～

感想の文章は、教科書の教材の学習の過程で書くものと、読書後に書く読書感想文との二通りがあります。どちらの場合も、「何でもいいから好きなように書きなさい」では、まったく指導になっていません。教科書教材の「ごんぎつね」（四年）を例に、立場を明確にして書く指導法と、書き方を示す指導法をあげてみましょう。

〈立場を明確にして書く〉

① 主人公になって書く

ごんや兵十になったつもりで、物語を振り返って書きます。どちらが主人公かにとらわれる必要はありません。中心的な人物であれば物語全体にかかわっていますので、どちらでもいいのです。弥助や加助では物語の一部にしかかかわっていませんので適当ではありません。

②　作者になって書く

物語の作者である新美南吉になったつもりで書きます。兵十がごんを撃ってしまう場面をどのように書くかによって、読み取りの深さを評価することができます。

③　主人公への手紙の形で書く

ごんや兵十への手紙の形で、語りかけるように書きます。行動を通して、そのときの心情に触れながら書くようにします。

④　作者への手紙の形で書く

実際に手紙を出すわけではないので、作者が亡くなっていても可能です。主人公への手紙もそうですが、あくまでも、物語の世界を出ないようにします。

⑤　友達に紹介するつもりで書く

あらすじだけでなく、心を動かされたところを書くようにします。友達が、読んでみたいと思えるように書けていることが大事です。

〈書き方を示す方法〉

①　あらすじと感想を書く

あらすじを書き終わった後に感想をまとめて書く方法と、「あらすじ→感想→あらすじ→感想」を繰り返して書く方法があります。いずれにせよ、あらすじだけしか書けていなければ、感想文にはなりません。

②　登場人物と自分とを比べながら書く

登場人物の考え方や行動と、自分ならどのように考えたかを比べながら書くようにします。ごんがうなぎを逃がすようないたずらばかりしていたことや、兵十に栗や松たけを持っていった行動などを振り返って考えることによって、ごんの心情をより理解することができます。あらすじに終わらないで、自分ならどうしたかを考えさせることが大事なのです。

③　感動したことを中心に書く

この方法では、感動したことから書き出したり、感動や感想をかなりの分量書いたりすることになります。感想文としては質の高いものになりますので、力のある子でないと無理でしょう。高学年で可能な方法といえましょう。

④　文章構成を示す

これは、わたしの実践では最も効果のあった方法です。ほとんどの子どもが、形式を頼って書くことができました。形を与えることを形にはめることになると言って極端に嫌がる教師もいますが、わたしの経験では、子どもたちはやがて与えた形を超えていきます。

次のような形式を、子どもたちに示すようにします。
・〇〇〇〇の書いた「◇◇◇◇」を読みました。とても……と思いました。
・そのわけ（理由）は、△つあります。
・まず（第一に）、……です。
・次（第二）に、……です。
・そして（第三に）、……です。
・みなさんも、ぜひ読んでみてください。

いずれの方法で書く場合も、もう一度文章を振り返ったり、考えを深めたりすることにならなければ書いた意味がありません。

読書感想文を書かせる場合には、子どもたちが本当に読書したかどうかを確かめる手だてのために書かせることのないようにしましょう。


わたしは、新美南吉の書いた「ごんぎつね」を読みました。とても、悲しい話だと思います。

そのわけは、三つあります。

まず、ごんはまったくのひとりぼっちだということです。わたしだって、もしひとりぼっちなら、とても悲しいでしょう。夜、真っ暗な穴の中にひとりでいるなんて、がまんできません。

次に、つぐないのためにしたことが、兵十にわかってもらえないことです。神様のしたことになってしまう……

教材文の構成を取り入れて

～自動車を説明する文章を書く～

子どもたちにさまざまな文章を書かせることは大事ですが、論理的な説明の文章を書く機会はほとんどありません。教科書の説明文には、問いかけてその答えを書く、自分の意見を納得してもらうために理由をあげて書くというような論理的な文章が、学年の発達段階を考慮して載せてあります。このような技能を取り入れて、説明的な文章を書くことは、子どもたちのものの見方、考え方を育てる視点からも大事な実践といえましょう。

取り上げた教材の文章は、働く自動車として、バス、コンクリートミキサー車、ショベルカー、ポンプ車を紹介していますが、いずれも三段落の構成になっています。1は「その車の仕事」、2は「仕事に合わせたつくり」、3は「仕事のやり方」という内容も同じです。

読み進めの段階で、この構成をしっかり理解させることによって、一年生の子どもなりに、働く自動車を説明する文章が書けるのです。

1 ショベルカーは、じめんを　ほったり、けずったり　する　じどう車です。
2 ですから、ながい　うでと　じょうぶな　バケットを　もって　います。
3 ショベルカーは、こうじの　ときに、うでと　バケットを　うごかして、土をけずり、べつの　ばしょに　はこびます。
（一年「はたらく　じどう車」教出）

子どもたちに救急車について問うと、口々に「知っている」と答えます。そこで、「どんな車」と訊ねると、「白い車」「サイレンがついている」と断片的に答えるだけです。下段のように書けたのは、物を観点にしたがって分析的に見る目が育ったからともいえるでしょう。

児童文例1

1 きゅうきゅう車は、けが人やきゅうびょう人をこのきゅうきゅう車でのせていきます。
2 ですから、しんだいがうんてんせきのうしろについています。
3 はやくびょういんに行くためにサイレンでおしえます。

児童文例2

1 きゅうきゅう車は、きゅうびょう人などを車にのせ、びょういんへつれていくじどう車です。
2 だから、車の中にしんだいなどをよういしています。
3 サイレンをならして、赤しんごうでもいそいでびょういんへ行きます。

日記の指導法

～子どもとの信頼関係を築く～

教師の仕事が多忙になってきているので、日記を子どもたちに書かせるのは大変なことです。なぜならば、子どもの書いた日記は必ず読み、コメントを入れて、すぐに返さなければならないからです。このような点を考慮しても、日記を書かせることには、大きな教育的な意義があります。いくつかの意義をあげてみましょう。

・子どもの日常生活や考えていることがわかり、一人ひとりの子ども理解に役立つ。
・日記を通して、子どもと教師の信頼関係を築くことができる。
・一人ひとりの子どもが自分自身を見つめることができるとともに、書く事柄を見つけ出す力をつけることができる。
・教師が目を通し指導することによって、表現力をつけ、表記の誤りを正すことができる。

日記は、記録文の一種であるので、出来事や思ったことをありのままに書くとともに、できるだけ毎日続けて書くことが大事です。また、日記は、文字が書けるようになったら、なるべく早い段階から取り組むようにします。学年を追って指導のポイントをあげてみましょう。

低学年では、段階を踏まえて指導するようにします。入門期は、絵が中心の絵日記から始めます。夏休み前から、月日、天気を書き絵も描いてもよいが、文字量を徐々に増やし出来事を書くようにします。一年生後半では、様子や気持ちを書けるようにします。二年生では、生活科と関連させ、遊びだけでなく生活を振り返るようにさせます。

中学年の生活日記では、自分自身や学級全体を見つめて書くようにします。また、飼育、栽培などの観察日記や学級日記も経験させます。

高学年では、単に経験したことだけでなく、自分の感じたこと、考えたことを重視して書けるようにすることが大事です。

誤りに朱を入れて返すだけだと、子どもたちはだんだん書くのが嫌になっていきます。ほめることや語りかけに重点を置き、信頼関係を深めるようにしましょう。

〈教師の留意点〉

○その日のうちに読んで返す。
○コメントで信頼関係をつくる。
・認める　・ほめる
・励ます　・相談に応える
○内容は人に話さない。

俳句日記を書く
～季節を見る目を育てる～

俳句日記は、季節の移り変わりに目を向けた日記と、日記の内容にかかわりをもつ俳句とから成ります。

俳句は、四季のはっきりした我が国において、微妙な季節の変化を鋭く感じ取ることによって成立するものです。わずか十七音の中に、自然の美しさや、それと接する人間の心情を込めるものですから、無駄な言葉を省略し、的確な言葉で表現しなければなりません。

俳句日記を書くことによって、季節に目を向けようとする心や季節を感じ取る心が育ちます。また、言葉に対するリズム感を養うこともできます。

俳句日記を書くための授業の流れは以下のようになります。

① きまりや用語を知る

・季語を入れる

スケートのひも結ぶ間もはやりつつ　山口誓子

・字余り

すずめの子そこのけそこのけ（8音）　お馬が通る（7音）　小林一茶

・字足らず

柿若葉日が照りだしてまた降る（4音）　荻原井泉水

②　表現の工夫を知る

・切れ字

しずかさや岩にしみ入るせみの声　松尾芭蕉

・倒置法

山路来て何やらゆかし　すみれ草　松尾芭蕉

③　俳句日記を書く

「日にち」「天気」「題」を書くようにする。

八月四日（晴れ）　ききょう

こんな暑い日でも、ききょうの花はすまし顔です。

風と歌って楽しそうにしています。ハチたちもききょうの花粉と歌にさそわれてきて、楽しそうに歌っています。

紫色の花は、緑色の葉と葉の間から顔を出して笑っていました。

青空を見上げてうたうききょうたち

短歌日記を書く

～感じたことを短歌で表現する～

日記を書く指導はよく行われますが、一日の出来事の中で特に心に残ったことを書くのが一般的です。この実践の特色は、心に残った出来事だけでなく、季節を感じさせるものや、季節の移り変わりで気づいたことを短歌とともに書くところに特色があります。

短歌日記を書くための授業の流れは、次のようになります。

① 短歌の基本を知る

あまりきまりにこだわると、のびのびと歌をつくることができなくなるが、基本的なことは押さえておく必要がある。

・基本型が、五七五七七の三一音であること、はじめの五音を初句（一句）、次の七音を二句、五音を三句、七音を四句、おわりの七音を結句（五句）という。

・前半の五七五を上《かみ》の句、後半の七七を下《しも》の句とよぶ。
・短歌は一首、二首と数える。

② 用語を知る

・字余り
かめにさすふじの花ぶさ短ければ（6音）
たたみの上にとどかざりけり　正岡子規
・字足らず
ななめに（4音）江《え》は折れ曲がり先だちし
幾つもの帆が重なり行《ゆ》くも　佐々木信綱
・初句切れ
夏は来ぬ　相模《さがみ》の海の南風に
わが瞳燃ゆわが心燃ゆ　吉井　勇
＊二句切れ、三句切れ、四句切れもある。
・句切れなし
ゆく秋の大和の国の薬師寺の
塔の上なるひとひらの雲　佐々木信綱

③ 短歌日記を書く

「日にち」「天気」「題」を書く。

> 十月二日（くもり）　組体操
> 運動会当日。くもっていたので、少し風が冷たいと感じました。
> ぼくは、まだ帆かけ船があまりよくできませんでした。失敗したらどうしよう。
> それで、ほかの種目をやっている間に、先生にたのんで、友達と練習をしに行きました。何回もやっているうちに汗が出てきました。そのうちに、とうとう帆かけ船ができるようになりました。もちろん、本番の組体操も成功です。
>
> 汗かいてやっとできたよ帆かけ船
> のぞいた世界はさかさまの国

言葉の感性を育てる

〜一行詩の創作〜

言語感覚と言語感性は、よく似た言葉ですが内容には大きな違いがあります。言語感性はそのままの言葉では、指導要領にはありませんが、国語能力としては大事なものだと考えています。

〈言語感覚〉

言語感覚は、言葉の遣い方に対する正否、適否、美醜を見分けることのできる感覚です。正否は、言葉の遣い方が正しいか否かを見分ける感覚で、「見れる」という言葉に接したときに、「見られる」が正しいと感じることのできる力です。適否とは、その場や話し相手にふさわしい言葉の遣い方か否かを感じることのできる感覚です。美醜とは、その言葉の遣い方が美しいか醜いかを感じることのできる感覚です。

〈言語感性〉

言語感覚が社会的な規範（判断）が大きくはたらいているのに対して、感性は個人的なものです。感覚は鈍いのに感性は豊かだということはないので、言語感覚を磨くことは大事なことですが、その上に豊かな感性を育てることが大切です。

〈感性を育てる一行詩〉

文章を読んで、辞書的な言葉の意味を知るだけでは、感性は育ちません。登場人物に心から共感しながら読んだり、筆者と対話しながら読んだりすることにより豊かになっていくと考えられます。

一行詩は、対象を見て感じたままを題名と一行の詩で表現するものです。感じたものを表現する過程で感性が磨かれ豊かになっていくと考えられます。

次のような指導過程が考えられます。

① 一行詩を提示し、ふさわしい題名を話し合う。
② 同じ題名のもとに一行詩をつくり、発表し合う。
③ 各自で一行詩を創作する。

---

① 例：秋空
雲がゆうゆう遊んでいる。

② 時計
（　　　　　　　　　　）
例：お父さんと子どものおにごっこ。

③ 創作例
　雨
おおぜいでしゃべってる。
　やなぎ
風にのって泳いでる。
　体育
小さな箱からとび出すとき。

＊筆者の実践からの作品の一例。日常的に創作させる。

低学年のための書く活動例

～入門期から書く活動を～

各種の学力調査で、子どもたちの書く力が不足していることが指摘されています。このことは、文科省も認めていて学習指導要領でも、低・中・高学年のそれぞれに書くための指導時間数を指定していますが、未だに解決されていません。

書く力を向上させるためには、身の回りの出来事や、運動会、遠足などの行事作文を書かせるだけでは不十分です。さまざまな機会と場をとらえて、書くための時間を設定していくことが大事になってきます。

けれども、目標や目的なしにただ書かせればよいというものでもありません。「書くこと」の学習材設定のための条件をあげてみましょう。

・どの教師にとってもわかりやすく、使いやすいもの。

・準備に時間がかからず、簡単に実践できるもの。

・子どもたちが主体的に学習できるもの。
・どんな言語能力の育成ができるのかが明確なもの。
以上のような条件に合うものを紹介してみましょう。いずれも、四百字以内で書ける短い作文で、短時間で指導できるものです。

〈積み上げ作文〉

①「いつ」＋「何を」したかだけを書く。
②「いつ」＋「どこで」＋「だれと」＋「何を」したかを書く。
③「いつ」＋「どこで」＋「だれと」＋「何を」＋「気持ちなど」（その他の書きたいこと）。

一年生の入門段階で、平仮名が一通り書けるようになったら可能。

〈積み上げ作文の例〉

① わたしは、きのう、おてつだいをしました。
② わたしは、きのう、おうちで、おねえさんとおてつだいをしました。
③ わたしは、きのう、おうちで、おねえさんと、まどカラスをふくおてつだいをしました。「きれいになってきもちがいいね。」と、おかあさんがいってくれました。

〈写真の簡単な説明を書く〉

各自に、赤ちゃんのときか小さいときの写真を、一枚用意させる。

赤ちゃんの写真

誕生日、どこで生まれたか、誰が名前をつけてくれたか、赤ちゃんのときどのように呼ばれていたか、どこで誰が写した写真かなどを書く。

小さいときの写真

いつ、どこで、誰と、何をしているかを書く。その他に自分で書きたいことがあったら、自由に書かせるようにする。

実際に書かせる前に、家庭で写真についての話を聞かせるようにしておく必要がある。また、各家庭の状況なども把握しておくとよい。

〈身の回りの物との応答を書く〉

鉛筆、下敷き、ランドセルなどに呼びかけて、それらが答える形式で書く。低学年で学ぶ会話文を書く練習になるとともに、身の回りの物を見直すことにもなる。

〈身の回りの物との応答の例〉

鉛筆

「えんぴつさん、ぼくは、きみのおかげで字がおぼえられるよ。ありがとう。」
「わたしをだいじにつかってくれてうれしいわ。どんどん書いてね。」
「でも、あんまり書くと、きみがみじかくなっちゃうのがさみしいんだよ。」
「それはしかたがないわ。……」

〈運動会などの行事のお知らせを書く〉

知らせたい人を決めて、運動会へ来てほしいことを、必要なことを落とさずに書く。日時、自分の出る種目と時刻、雨天の場合どうなるかを知らせる。特にがんばって練習したことなどを、書き加えるとよい。

〈道順の説明を書く〉

学校から図書館までの道順を書かせる。誰もが知っている場所、全員が同じ場所への道順を書くことによって、子ども同士で評価しやすくなる。順序を表す言葉、真っすぐ、右、左などの言葉、目印になる建物などを入れて書くとわかりやすいことを理解させて書かせる。

〈昔話を再生して書く〉

教師が、浦島太郎や桃太郎などを簡単に話して聞かせ、それを物語にして書く。

〈作って書く〉

図工の時間などに作った作品を、図や絵も入れながら順序に気をつけて書く。

> **〈道順の説明の例〉**
>
> ぼくたちの学校から、図書かんまでの道じゅんを説明します。
>
> 校門を出たら、そのまま、まっすぐに歩きます。百メートルぐらい行くと、左に公園がありますので、そこのしんごうを……

中学年のための書く活動例

～中心に書くことを明確に～

低学年で述べたようなこと（七四ページ）に配慮して指導します。特に、中学年では、何について書いた文章かの中心がはっきりしていること、理由を明確に書いていること、修飾の言葉が上手に使えていることなどが大事です。

〈計画成功の理由を書く〉

自分で計画したことがうまく実行できたことの理由を書く。

〈学級を紹介する文章を書く〉

① 学級の特徴を一言でまとめる。
② その具体的な例を、いくつかあげる。
③ 最後に、直したいところをあげてまとめる。

〈計画成功の理由の例〉

今月は、お小づかいが足りなくなりませんでした。その理由を三つ書きます。

第一に、机の前に、「むだづかいはやめる」と大きく書いた紙をはっておいたからです。この紙を見ると、「よし、がまんをしよう」という気に……

〈小さいころの自分を書く〉

家庭で、小さいころの自分の様子を聞いてきて、それをもとに短い作文を書く。たくさんのことを書かないで、一つのエピソードに絞って書く。内容を的確に表す題名をつけさせることによって、中心のはっきりした文章になる。

〈二枚の写真を比べて書く〉

教師が、「ふだんの校庭と日曜日の校庭」「朝の商店街と夕方の商店街」のような二枚の写真を用意する。特に異なる点に焦点を当てて、修飾語を上手に使って書くようにする。

〈二枚の写真の例〉

二枚とも、ぼくらの学校の校庭ですが、右は木曜日の昼休み、左は日曜日の午後です。

右の写真は、子どもたちがおおぜい、楽しそうに走り回っていて、元気な声も聞こえてきそうです……

〈漢字の書き順を書く〉

自分の名前にある漢字や配当漢字から、自由に選ばせて書き順を説明する文章を書かせる。順序が明確になるように気をつける。

〈行事への心構えを書く〉

運動会、遠足などの行事作文は、終了してから書くことが多いが、行われる前に書くことによって、その行事に対する思いや決意を書くことができる。

高学年のための書く活動例

～論理的思考力を育てる～

低学年で述べたようなこと（七四ページ）に配慮して指導するようにします。特に、高学年では論理的な思考を要する文章、自分の意見が明確に出るような文章を書くようにします。以下の例は、いずれも四百字以内で書くようにし、目的を絞り短時間で実践するようにします。

〈自分の町を紹介する文章を書く〉

住んでいるところのすべてについて書こうとすると、時間がかかるとともに評価も複雑になる。駅の周辺、大きな建物、生産している農作物、人口の推移などテーマを絞るようにする。数回、連続して実践するとよい。資料を活用したり、図表を入れたりして説明することも可。

〈未来の小学校を書く〉

想像力を育てる実践であるので、自由に書いてよい。ただし、想像と空想は異なることは押さえておくようにする。

〈意見とその理由を書く〉

はじめに意見や考えを書いて、その理由をあげて書く。給食や宿題の賛否について書いてもよい。

〈身の回りの物の説明を書く〉

コンパス、三角定規などについての説明を論理的に書く。使用法を加えてもよい。

〈身の回りの物の説明の例〉
三角定規は、二種類あるが、どちらも三辺の三角形であることと、直角の部分があることは、共通している。
また、全部の角度をたすと百八十度になるのも同じである。……

〈テレビを見ての感想を書く〉

教師が指定した番組について、見て得た知識、考えたことなどを書かせる。子どもなりに批評を書くことができればすばらしい。

〈同じ事件や出来事の二つの新聞の記事を比較して書く〉

新聞によって、同じ出来事でもかなり報道の姿勢が異なることがしばしばある。この実践によって、物の見方・考え方を育てることにつながることが期待される。

〈言葉について考えて書く〉

文化庁が「国語に関する世論調査」を毎年行い、結果が報道されて話題になる。この調査は、パソコンで簡単に見ることができる。関心をもった部分について自分の感想や考えを書かせる。

低学年　書くことの基本十か条
～書くことの嫌いな子にしない～

書くことは、話すことや読むことに比べて労力のいることです。楽しく書けるようにすることと、書いた甲斐のあることがとても重要な指導のポイントになります。文字はきれいなほうがいいに決まっていますが、作文を書いている最中や書いた後に、文字の乱雑なことを責められると、そのことで書くのが嫌いになってしまいます。

低学年の段階で書くことを嫌いにしてしまったら、その後の学年で好きにするというのは、とても難しいことです。そのことを忘れないようにして、指導するようにしましょう。

1　句読点、「　」などを使って、書くことができる。

2　平仮名、片仮名、漢字を使い分けて書くことができる。

3　簡単な口頭作文ができる。

きのうなにをした
がっこうでしたこと
おうちのひとのこと

4　簡単なメモを書くことができる。
5　身の回りの出来事を作文に書くことができる。
6　現在形、過去形を使い分けて書くことができる。
7　順序のわかる作文を書くことができる。
8　身の回りの出来事から絵日記を書くことができる。
9　自分の気持ちを書き表すことができる。
10　簡単な手紙を書くことができる。

友達のよいところ
ほめられたこと
しかられたこと
お手伝いしたこと
かっている動物のこと
育てている植物のこと
出かけたこと

楽しく書けるためには、身の回りの出来事だけでなく、さまざまな文種を書くようにしましょう。また、書いた甲斐があるというのは、書いたものを読み合ったり、掲示したり、時には文集にしたりして、子どもにとって書いた意味のある学習にすることです。このように考えてみると、教師が朱を入れて返すだけの学習は、あまりよい方法ではないということになります。

子どもたちの中には、「書くことがない」と言って嫌がる子がいます。そのような子のためにも、下に示したような、題材を探すための観点を短冊等にして、よく見えるところに掲示すると効果があるでしょう。

中学年　書くことの基本十か条

～中心のはっきりとした文章を～

何十年も前から子どもたちの書く力が不足していることが指摘され、学習指導要領でも作文の時間数を明記するようにしてきました。だが、未だに学力テストのたびに、力不足が言われ続けているのが現状です。さまざまな理由があげられますが、学年に応じた的確な指導がなされていないことが大きいと考えられます。

1　敬体と常体を使い分けて書くことができる。
2　中心の明確な生活文を書くことができる。
3　段落ごとの要点のはっきりした文章を書くことができる。
4　組み立てメモから、段落の明確な文章を書くことができる。
5　集中して文章を書き写すことができる。

文種
・中心の明確な生活文
・記録、報告の文章
・形式にのっとった手紙
・読んだ文章の感想

技能

6　記録、報告などの文章を書くことができる。
7　形式にのっとって手紙を書くことができる。
8　修飾語などを加えて文章をくわしく書くことができる。
9　読んだ文章に対しての感想が書ける。
10　読み返して、誤りなどを書き直すことができる。

・敬体と常体の使い分け
・組み立てメモ　段落の要点
・集中して視写
・修飾語の使用
・推敲して訂正

中学年の指導として大事なのは、中心のはっきりとした文章を書けることです。遠足の作文を例に、どのように書けばよいかを考えてみましょう。

低学年では、順序にしたがって書けることが目標ですので、遠足に行った場所や出来事を時間の順序を追って書ければいいということになります。中学年では、順序を追うことが重点の目標ではありませんので、「楽しみにしていた遠足なのに、お弁当の時間に仲良しの友達とけんかして悲しかったこと」「山登りは苦しかったけれど、登りきった喜びと景色のすばらしさが心に残っていること」のように中心を明確にして書くことが大事になります。

作文の学習では、事前の指導が計画的になされなければならないこと、書いた後の処理が面倒なことなどを乗り越えて、意欲的に取り組みたいものです。

高学年　書くことの基本十か条

～自分の考えを明確に書く～

高学年になると、身の回りの出来事を書く作文だけでなく、社会にも目を向け自分の考えをはっきりとさせて書く、いわゆる意見文にまで高めなければなりません。また、記録文、報告文、研究文などのさまざまな文種を書くことができるようにする必要があります。

1　適切な語を選びながら文章を書くことができる。
2　敬語を使った文章を書くことができる。
3　小見出しをつけて、文章を書くことができる。
4　構成を考えたメモをもとに、組み立ての明確な文章を書くことができる。
5　資料等を活用して、記録や報告の文章を書くことができる。

さまざまな文種

・記録・報告の文章
・意見文
・用件に応じた手紙
・創造的な文章
・感想、紹介、批評の文章

技能

6　考えを整理して、意見文を書くことができる。
7　推敲してよりよい表現に書き直すことができる。
8　お願い、お礼、お見舞いなどの用件に応じた手紙を書くことができる。
9　物語などの創造的な文章を書くことができる。
10　読んだ本についての感想、紹介、批評などの文章を書くことができる。

- ・適切な語の選択
- ・敬語の使用
- ・小見出しをつける
- ・構成メモの作成
- ・よりよい表現のための推敲

学習指導要領でも、「書くこと」の指導事項は、文章を書く順序にしたがって指導事項が示されているという特色があります。題材の選定から推敲までの文章を書く過程を、自力でできる力を身につけさせるようにしましょう。

> 題材の決定（自分の書きたいこと）→取材（書こうとする内容に合った材料）→構想（考えの明確に出る組み立てメモ）→記述（メモをもとに表現の工夫）→推敲（意見が明確か）

このような書く過程を理解させ、身につけるとともに、書いた文章を読み合って意見の交流をすることによって、書くことの楽しさを経験させるようにしましょう。

III

音読

音読と黙読の使い分け
～それぞれの特色を生かして～

「音読と黙読のどちらが学習に向いているか」というのは、的外れの質問です。学習の目的と場によって、どちらが適しているかが異なってくるからです。

一般的に、音読よりも黙読のほうが書かれている内容を理解しやすいと考えられていますが、これも子どもの年齢によって違います。低学年では、黙読よりも音読のほうが内容を理解しやすいのです。音読よりも黙読のほうが内容をとらえやすくなるのは、三年生の半ば頃です。したがって、低学年では、文章内容を理解するためにも音読を用いるということになります。

一年生、二年生では、音読が中心になりますが、一年生の後半から徐々に黙読を加えていくのが、一般的な指導法です。三、四年生と年齢が上がるにつれて、七対三、六対四で黙読と音読を用い、高学年では、ほぼ半々に活用するということになります。

音読にも黙読にも、次にあげるような特色がありますので、指導者はそのことを理解して、目的に応じて使い分けることが大事だということになります。

〈音読〉

・漢字や難語句の読み方（音、アクセント）がわかる。
・正しい音声言語を身につけることができる。
・場面の情景を思い浮かべたりしながら、イメージ豊かに読むことができる。
・指名読みすることによって、一人ひとりの子どもの力を評価することができる。
・朗読へと高めることによって、表現に結びつけることができる。

〈黙読〉

・音読より短い時間で読むことができる。
・読み間違いなどに気を使わないので、意味の読み取りに集中できる。
・意味のわかりにくいところは、ゆっくり読んだり繰り返して読んだりできる。
・日常的な読むことに近い読み方ができる。

音読には、自分の声を自分で聞くだけではなく、他の子どもたちにも聞かせて、学習の共通化を図るという特色があります。黙読は、個人個人で意味を読み取るのに適していますが、何を読み取るかを明確にしなければ、その効果を発揮することができません。

上手な音読ができるようになるために
～三つの原則を守って～

上手な音読ができるようになるための三つの方法をあげてみましょう。

①　音読の機会を多く

全般的に音読をしない学級が増えているような気がします。国語の指導内容が多くなっているのに、授業数が減っているのも大きな原因かもしれませんが、研究会でも音読をしない読み取りの授業に出会うことがあります。どんな理由があっても、好ましいことではありません。

また、指名読みだけをさせることは、珍しいことではありませんが、指名読みだけだと、当然のことながら、一時間の間に一回も音読をしない子がかなりいることになります。体育の時間に、鉄棒を一回もさせないで逆上がりが上手になれと言っているのと同じでおかしなことです。

斉読は好ましくないと言われることも多いので、自由読み（九五ページ）などを取り入れて、一人ひとりの子どもの音読の機会を多くするように工夫しましょう。

②　音読の後に話し合う

誰かが音読した直後に、音読の仕方について話し合うようにします。はじめは、どこが違っていたというように、誤読の指摘がほとんどですが、慣れるにつれて内容にかかわる発言が多くなります。音読の後話し合うのは、読み手を傷つけるためではなく、どうしたら音読が上手になるかということですので、子どもたちの信頼関係があり、まとまりのある学級でないと逆効果になってしまいます。

ゆみ子への優しさが出ていたと思います。
この場面は、もう少し、ゆっくり読むと、悲しさが伝わります。

③　上手な音読を聞く

上手な音読を聞かなければ、どのように音読すればよいのかがわかりません。低学年の子は、早く読めば上手なのだと勘違いすることもあります。教師の範読を聞かせたり、学級で上手に読めた子がいたら、たまには、同じ箇所をもう一度音読させたりしてもいいのです。また、どの教科書でも教材文を音読したCDを出していますので、活用するのもいいでしょう。

以上の三つを実践することにより、子どもたちの音読の力は高まります。

多様な音読を活用して
～目的に合った音読法で～

教室で最も一般的に用いられる音読の方法は、指名読みといわれるものです。「誰か読む人いますか」のように教師が指示し、挙手した子どもたちの中から、「Aさん」とある子を指名し、音読する方法です。

指名読みには、利点もありますが短所もあります。それぞれの音読法について利点と短所をあげてみましょう。

① 指名読み

読みたい子、または教師が読ませたい子を指名して、ある部分を読ませる。音読した子の評価はしやすいという利点がある。けれども、一時間の中で多くの子に読ませることができないし、挙手しない子はほとんど読む機会がないという短所もある。この音読の方法だけを用いると、教室で二か月も三か月も、声に出して読んだことがないという子の出る可能性がある。

② 一斉読み（斉読）

ある決められた部分を、全員が声を揃えて読む。全員が声に出して読むことができるという長所はあるが、声を揃えようとするために、文末を伸ばすというような、不自然な読み癖がつくようになる。全員が声を揃えて読んでいると、活発な授業が行われていると教師が自己満足に陥ることもある。音読を表現行為とするならば、無理に揃えて読む必要はないとも考えられる。

③ リレー読み（○読み、一文読み）

一人一文ずつ、順に読んでいく。句点（。）まで読むので、教室ではまる読みと呼ばれることも多い。多くの子に読ませることができるという長所はあるが、前の文は静かに読んで、次の文は力を込めて読む、というような自己表現はできない。音読を表現ととらえた場合には、ある文脈（まとまり）で読ませる必要がある。

④ 自由読み（各自読み）

学習する範囲を、一人ひとりが自分のペースで自由に音読する。導入の段階で用いられることが多い。何回も読むことによって、文章の意味を理解することができるという長所がある。自分自身の理解を深めさせたいときにも活用できる。一人ひとりの子どもがどのような音読をしているかを、つかむことはできないという短所がある。

⑤　役割読み

登場人物のそれぞれを読む子、地の文を読む子のように役割を決めて音読する。たとえば二年生の「お手がみ」ならば、かえるくんの言葉を読む子、がまくんの言葉を読む子、地の文を読む子のように、ある場面を三人で音読する。二年生なりに気持ちを考えて読もうとする。学習のまとめの段階で活用されることが多い。かえるくんとがまくんの言葉を読む子の音読力があまりにも違うと、うまくいかないことが多い。

⑥　分担読み

一文目は男の子、二文目は女の子、三文目は男の子、四文目は女の子のように、読む部分を分担

多様な音読の方法

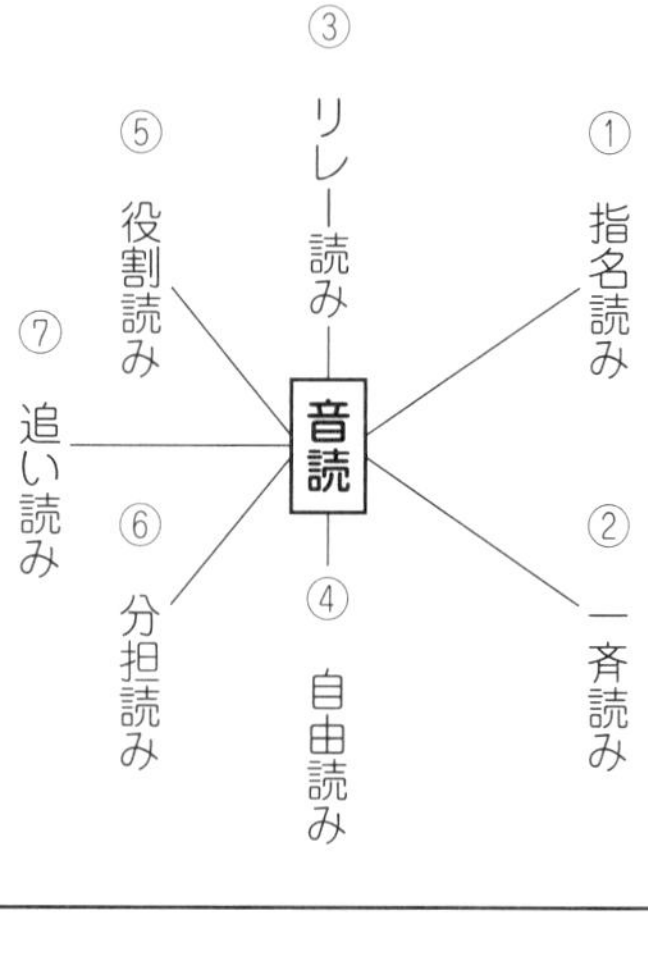

音読
①　指名読み
②　一斉読み
③　リレー読み
④　自由読み
⑤　役割読み
⑥　分担読み
⑦　追い読み

＊どの子にも音読の機会を

＊音読を生かした読みの授業を

して音読する。詩の音読では、一連、二連、三連を、それぞれ一の列、二の列、三の列のように分担することができる。低学年の子は、喜んで音読するが、他のグループに負けまいとして、怒鳴るように音読する場合があるので注意を要する。

⑦　追い読み（追いかけ読み）

教師が一文を読み、子どもたちが同じ部分をまねて読む。全員の読みのレベルを向上させるためには効果的である。前に読むのを教師ではなく子どもにしてもよい。学級の全員の子が、前に読む子の音読を集中して聞き、その子が強く読めば強く読み、ゆっくり読めばゆっくり読み、気持ちを込めて読めば気持ちを込めて読むというように音読する。この方法を用いると、前に読む子の音読を集中して聞くようになるし、前に音読した子は、友達が繰り返して音読したのを聞き、自分の音読を再確認できるという利点がある。

いずれにせよ、読み取りの授業で音読がまったくなかったというのは、活動のバランスが取れているとはいえないでしょう。いろいろな方法を取り入れて、実際に音読をする機会を増やし、音読の力をつけたいものです。

群読で全員参加の授業を
～一人ひとりの音読の力を高める～

群読の創始者の木下順二氏は、群読について、「複数の読み手による朗読」と言っていますし、「基本は個による朗読」とも言っています。基本は個による朗読だから、一人ひとりがしっかりとした朗読のできない小学生には無理だと考える人もいます。群読として成立しているかどうかにこだわらないで、教育的効果の高い群読の意義を述べてみましょう。

・学級の全員に音読の場が与えられる。
・どのように読むかの話し合いが必要だし、話し合いを通して内容の読み取りができる。
・自分たちのグループと比較しながら、他のグループの音読を真剣に聞く。
・グループで力を合わせることによって、信頼関係が生まれる。

群読は、学級全員や学年全員で行う場合もありますが、その場合は教師がかなり指導をしないと無理なので、子どもたち中心に計画の立てられるグループの場合を述べてみましょう。

〈指導の手順〉

① 六〜八名のグループをつくる。
② 個のプランを立てる。
＊一人ひとりが、どのように読むか計画を立てる。
③ グループのプランを話し合う。
＊個のプランをもとに、グループとしてどのように読むかを話し合う。みんなの案を出し合うこと、内容を考えて案を立てること、全員が声を出すような案にすることを確認する。
④ 群読の練習をする。
⑤ 群読の発表をする。
⑥ 学級全体で話し合う。
＊群読の仕方について、よかった点を中心に。楽しい、またやりたい、一人ひとりの音読が高まったと実感できれば授業として成功でしょう。

あめ②⑤

山田今次

あめ①　あめ①②　あめ①②③　あめ①②③
あめは　ぼくらを　ざんざか　たたく
ざんざか　ざんざか
ざんざん　ざかざか
ほったてごやを　ねらって　たたく

①②③：女子　④⑤⑥：男子

Ⅳ

読むこと

繰り返されている言葉に着目して物語を読む

～長時間かけないで読む方法～

低学年の教材には、同じような言葉が繰り返し使われていることが多いという特徴があります。「大きなかぶ」は、代表的な作品であるが、「ずうっと、ずっと、大すきだよ」（一年）もそのような作品です。また、説明文でも、繰り返し同じ言葉が使われています。

それは、このような文章を読み取らせることが、低学年の子どもたちの発達段階に合っているからです。

場面ごとに登場人物の気持ちを考えたり、様子を想像したりしながら読み進める方法が一般的ですが、多くの時間を要するということになります。すべての物語をこのように読んでいくと、当然のことながら、時間がたりなくなるという結果になります。

そこで、繰り返されている言葉に着目して、より少ない時間で読み進める方法を、「ずうっと、ずっと、大すきだよ」を例に提案してみましょう。

①　文章中から「すき」という言葉のある文を抜き出す。

・ぼくは、エルフのあったかいおなかを、いつもまくらにするのがすきだった。
・にいさんやいもうとも、エルフのことが大すきだった。
・でも、エルフをしかっていながら、みんなは、エルフのことが大すきだった。
・ぼくは、エルフに……「エルフ、ずうっと、大すきだよ。」っていってやった。
・にいさんやいもうとも、エルフがすきだった。
・だって、まいばんエルフに、「ずうっと、大すきだよ。」って、いってやっていたからね。
・「ずうっと、ずっと大すきだよ。」って。

②　誰が、エルフを好きだと言っているのかを確かめる。

③　前後の言葉に気をつけて、それぞれの文の「すき」を比べて話し合う。

④　最後の「大すき」の中には、エルフも含まれているかを話し合う。

「ずうっと、ずっと、大好きだよ。」
エルフは、死んだんだよ。
死んだって、忘れないさ。

課題を明確にして物語を読む
〜教材の特性を生かして〜

物語の中には、明確な課題を設定して読むと効果的な作品もあります。「一つの花」（四年）も、その一つです。

この物語を一読した後、「駅でお父さんが、ゆみ子に渡したコスモスの花が、十年後のゆみ子の家に咲いている」というような発言をする子がいます。すると、比較的読む力のある子たちが賛同し、学級全体がそのような読み取りでまとまっていきます。

だが、果たしてこの読みは、正しいのでしょうか。どう解釈しても、手折って渡した一輪のコスモスが、根づいて増えるとは考えることができません。お父さんの思いや思い出を大事にして、別のコスモスを庭に植えたと考えるのが自然でしょう。

では、やがて枯れてしまうコスモスを、「ゆみ。さあ、一つだけあげよう。一つだけのお花、大事にするんだよう――。」と言って手渡したのには、どのような意味があるのでしょうか。

その意味を考えることを課題として、文章全体を読んでいくことができます。お父さんの言葉の「――。」で、何を言いたかったのかを考えるのです。学習の課題を明確にして読むと同時に、場面ごとに読み進めるよりも短時間で読めるという利点があります。

お父さんは、どんなことを言いたかったのか。

「ゆみ、一つだけのお花を大事にするというのはね、ゆみ子に明るい子に育ってほしいということだよ。」

具体的には、前述のお父さんの言葉に続けて、「一つだけのお花を大事にするというのはね、……」に続けて、お父さんの言いたかったことを書かせるのです。文章全体をよく読んで考えさせることにより、主題を読み取る学習になっていきます。子どもたちの書いたものからいくつかの例をあげておきます。

・「元気ですなおで明るい子に育ってほしい。そして、喜びをもった子に、そういうお父さんの心がこめられているんだよ」

・「どんなものにもやさしく目を向け、広く明るい心をもってほしいということだよ」

・「やさしい心、いつも世話をする親切な心だ。お父さんは、そんな心をもってほしいから、一つだけのお花をおくるんだよ」

登場人物に心を寄せて
～表面的な読みに終わらない～

学習指導要領では、登場人物に関する事項として、「登場人物の行動」（低学年）、「登場人物の性格や気持ちの変化」（中学年）、「登場人物の相互関係や心情」（高学年）をあげています。わたしは、これらを達成するために、「登場人物に心を寄せて読むことにより、人物の生き方についての理解を深める」ということを大事な指導目標にしていました。

これを、「夕鶴」（四年）を例に具体的に述べてみましょう。

この作品を一読してから、初発の感想を発表させると、「つうはいい人だけれど、よひょうが悪い人なので、つうがかわいそうだ」という趣旨の発言をします。すると、大部分の子どもたちが同じような感想をもっているので、「そうだ、そうだ」ということになります。

本当に、よひょうは悪い人なのでしょうか。

誰かの忘れ物みたいな小さな村で、誰にも負けない働き者のよひょう。そんなよひょうに、うんずやそうどが、あの布をつうにもっと織らせたら、美しい都へ連れていくとそそのかします。村から、一歩も出たことのないよひょうが、美しい都へ行ってみたいと思うのは、むしろ当然のことではないでしょうか。

だが、よひょうは悩みます。あの布は織らないと、つうと約束していたからです。悩みに悩んで「とうとう」よひょうが、「あのぬのをおってくれ」と言い出します。

「とうとう」という言葉には、よひょうの心の葛藤が表されています。こんなにも悩んだよひょうを、たんに悪い人と片づけてしまうことは、よひょうに心を寄せた読みとはいえません。

「ごんぎつね」の兵十も、ごんを撃ったから悪い人と決めつけることはできないのです。

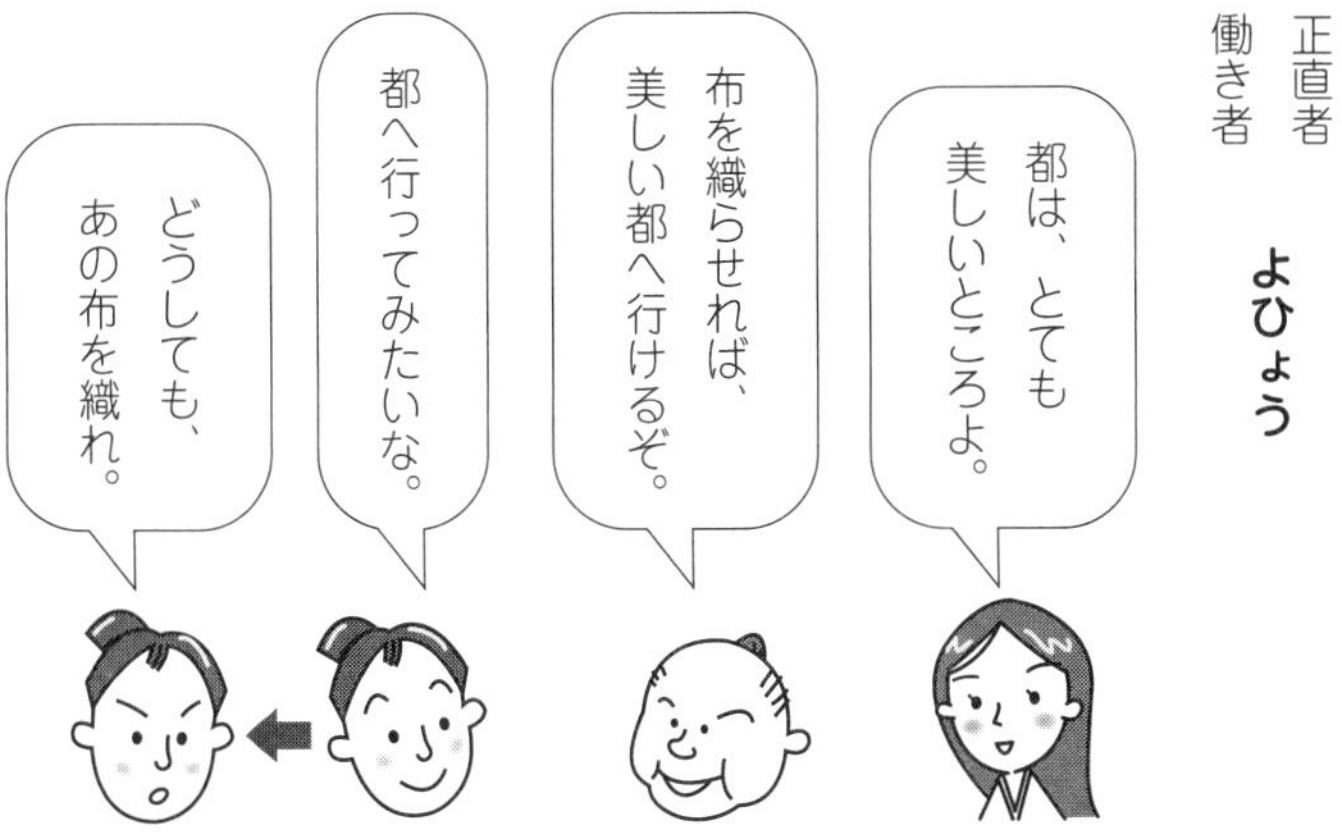

正直者
働き者
よひょう
都は、とても美しいところよ。
布を織らせれば、美しい都へ行けるぞ。
都へ行ってみたいな。
どうしても、あの布を織れ。

観点をもとに自力で読む物語文の授業

～自分で読もうとする姿勢を大事に～

教師が発問して子どもが答えるという形のみの授業をしていると、子どもたちに受け身の姿勢がついてしまいます。ある文章に接したときに、その子なりの反応を示すということが大事ですが、教師が発問しないと頭が動かないという子どもになってしまうからです。

下記の例を見てください。

教師の発問が多様な考えを引き出すものならそれなりに意味がありますが、書いてある内容や事柄を確認するものなら、当然、一問一答の授業になって

> いつもより早く、六時に目が覚めた。風もなく、あたたかな朝だった。
>
> ○何時に起きましたか。
>
> ○風は吹いていましたか。

しまいます。

「何時に起きましたか」という問いに対して、誰かが「六時です」と答えれば他に答えることはありませんので、次の発問をすることになり、一問一答になってしまうということです。

やや極端な例かもしれませんが、これに似たような授業を、日常的に教室で行っている教師もいます。

このような、子どもが受け身の姿勢で読む授業から脱却する一つの方法として、観点をもとに自力で文章を読み、それを発表し合うという形の授業があります。

観点をもとに読み進めても、その時間に教師が読み取らせたいと思っていたことが全部子どもから出されるわけではありませんが、まず自分で読んでみようという姿勢を身につけることが大事なのです。子どもたちから出されなかったことで大事なことは、後に教師の発問によって話し合うようにします。

とにかく、教師に発問されて初めて文章に反応し、思考が働きはじめるという受け身の子どもにしてはならないのです。

高学年の子どもたちが、自力で文章を読み取るための観点の一例をあげてみましょう。

〈物語を読むための観点十か条〉

こんなところを見つけて、線を引いたり書き込みをしたりしよう。

◇人物の表情や姿が、浮かんできたところ。
◇場面の様子が浮かんできたところ。
◇人物の気持ちがよくわかったところ。
◇自分の経験と比べて、思い出したことのあるところ。
◇表現がいいと思ったり、工夫していると思ったりしたところ。
◇心に強く感じることのあったところ。
◇いろいろなことを考えさせられたところ。
◇主題に結びつくと思うところ。
◇言葉の意味がわからないところ。
◇みんなに質問したいことのあるところ。

子どもの書き込みの例

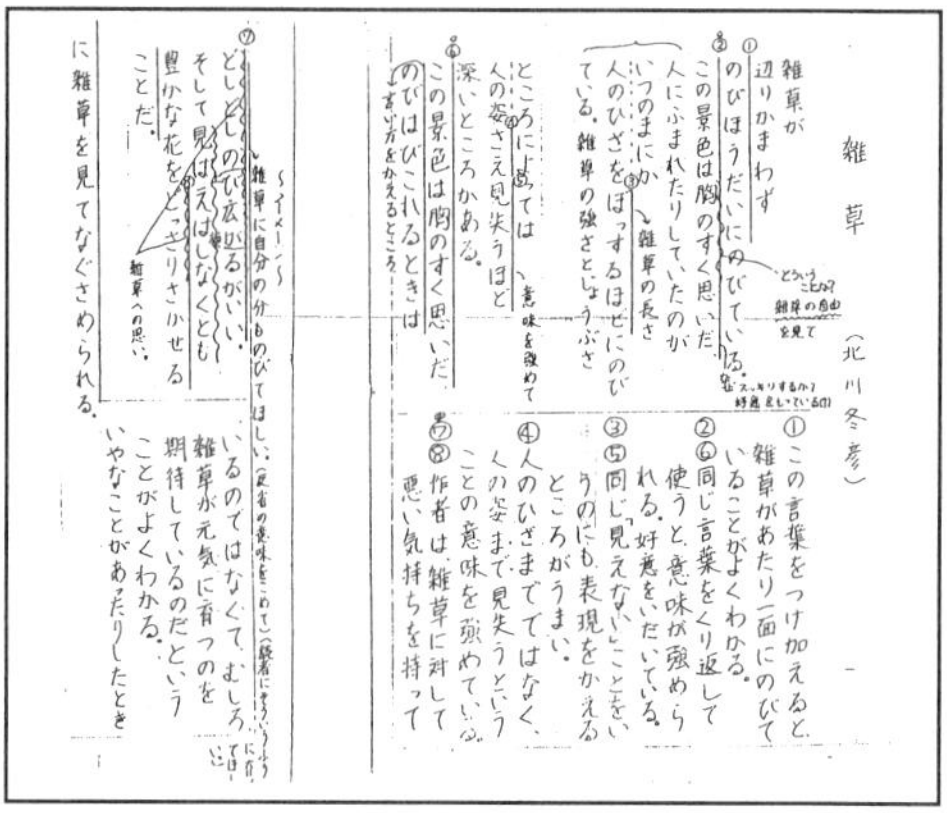
雑草（北川冬彦）

雑草が
辺りかまわず
のびほうだいにのびている。
この景色は胸のすく思いだ。
人にふまれたりしていたのが
いつのまにか
人のひざをぼっするほどにのびている。
ところによっては
人の姿さえ見失うほど
深いところがある。
この景色は胸のすく思いだ。
のびはびこれるときは
のびはびこるがいい。
そして見はえはしなくとも
豊かな花をどっさりさかせることだ。

①この言葉をつけ加えると、雑草があたり一面にのびていることがよくわかる。
②⑥同じ言葉をくり返して使うと、意味が強められる。好意をいだいている。
③⑤同じ「見えない」ことをいうのにも表現をかえるところがうまい。
④人のひざまでではなく、人の姿まで見失うということの意味を強めている。
⑦⑧作者は、雑草に対して悪い気持ちを持っているのではなくて、むしろ雑草が元気に育つのを期待しているのだということがよくわかる。
いやなことがあったりしたときに雑草を見てなぐさめられる。

前述した観点は、高学年が使用するものとして考えましたので、当然のことながら低・中学年の子どもたちには適していません（低学年では、観点をもとに話し合うのは難しい）。どの学年のどの学級にも適用できる観点はないのです。

ですから、学年の教師で相談したり、自分で考えたりして、子どもたちに合ったものをつくり出していくことが大事です。また、使っているうちに合わないと思うものは、変更したり削除したりする必要もあります。

観点を与えたからといって、すぐに活発な話し合いが成立するわけではありません。繰り返しこの形で授業することによって、徐々に活発な発言が出されるようになってきます。

授業の流れ

① 学習する場面を音読する。
＊全員が音読するように工夫する。
② 観点にしたがって書き込みをする。
＊書き込みで、話し合いに取り上げたいことはメモしておく。
③ 書き込みをもとに話し合う。
＊パネルディスカッションを用いてもよい。（二四ページ）
④ 取り上げられなかったことを、教師が発問を投げかけ話し合う。
⑤ 学習したことを振り返り音読する。
＊目的に合った音読で。（九四ページ）

筆者の工夫を読み取る説明文の授業

～楽しさを感じながら読む～

小学生に向けて書かれた教科書の説明文には、さまざまな工夫がしてあります。その工夫には、読み手である小学生に、筆者の伝えたいことを正しく読み取ってほしいという願いが込められているのです。したがって、筆者の工夫に目を向けて読み進めることは、書いてあることを的確に読み取ることになっていくのです。

次の説明文には、どのような工夫が見られるでしょうか。

雪のあるくらし　原田　津

[1] 根雪ということばがある。毎日のように雪がふり、とけてしまわないうちに、新しくふった雪が上へ上へと積もっていく。そして、それは、冬の間じゅう消えない。そういう雪を根雪という。

（地図）

2 日本で根雪が見られるのは、北海道と本州の日本海側で、太平洋側にはあまり見られない。そして、積もる量がとくに多いのは、秋田県の横手《よこて》盆地《ぼんち》、山形《やまがた》県の新庄《しんじょう》盆地、新潟《にいがた》県の魚沼《うおぬま》地方などである。（東書　四年）

この文章に対して、四年生の子どもたちは、次の工夫を読み取る観点をもとに、下記のような読み取りをしています。

◇**説明文の読み方（ここに目をつけよう！）**
○題名のつけ方に何か工夫はないだろうか。
○読み手に問題を投げかけたり、呼びかけたりしているところはないだろうか。
○書き出しで、読んでみたいなという気を起こさせる工夫をしていないだろうか。

「根雪ということばがある。」という書き出しで、読み手をひきつけようとしています。

「根雪」って何だろうと思って、続きを読んでみようと思うようになります。

1 の段落では「根雪」って何かについて書いてあるので、2 では、根雪が見られる場所について書いてあります。

場所は、大きなところから、小さなところへと目を向けています。

はじめは、日本海側とか太平洋

○読み手をひきつけるような、身近なことやめずらしいことを例に出しているところはないだろうか。
○文の終わりの部分で何か工夫をしているところはないだろうか。
○文章の終わりの部分で、何か工夫をしているところはないだろうか。
○言葉の使い方で、何か工夫をしているところはないだろうか。
○文章の組み立てに何か工夫はないだろうか。
○書き手の意見をわかってもらうために工夫をしているところはないだろうか。

観点については、研究部や学年で話し合い、子どもたちの実態に合わせていくことが大事です。

側とか大きい地域に目を向けさせ、それから、秋田県の横手盆地のように、地域をせばめているところが、工夫している点です。

例としてあげてあるのは、何となく思いついたところではなくて、特に積もる量の多い地域です。

魚沼地方といわれても、どこだかわからないので、東北地方の地図をのせているのも工夫の一つだと思います。

[1]と[2]の段落をまとめて考えると全体の文章の前書きのような働きをしています。

二回や三回の授業で、すぐにすべての子が工夫を見つけ出せるというようにはなりませんが、繰り返して学習することによって、徐々に的確な読み取りができるようになるとともに、楽しく読めるようになってきます。観点をもとに読み進めることの利点は、子どもたちが、受け身の姿勢ではなく、自力で主体的に読もうとするようになることです。

はじめに根雪とは何か、次に根雪の見られる地方が書いてあるのは、筆者が全体の組み立てを考えて工夫しているからです。

また、筆者の工夫に目を向けて読み進めるということは、筆者と書かれた文章の往復の過程で読んでいくことになり、常に書き手を意識する姿勢も育っていきます。

観点をもとに読み進める方法には、「個人的意見が、事実であるように書かれているところはないか」「くわしく書いてあるところはどこで、それはなぜか」のような批評読みもあります。

筆者と対話しながら読む説明文の授業

～書き手に自分の考えを語りかける～

説明文は、対象を正確にとらえて説明してある文章なので、何が書いてあるかを正確に読み取らなければならないといわれていた時期もありましたが、その後、何をどのように書いてあるかを読み取ることが大事だといわれるようになりました。現在は、何がどのように書かれているかを読み取って、読み取ったことに対して、子ども一人ひとりが自分の意見をもてるようにすることが大事だといわれています。

つまり、筆者が述べていることに対して、なるほどと思うだけではなく、賛成でも反対でも、自分なりの考えをもつことを要求されるようになったのです。

このような読みをするためには、いくつかの視点にしたがって筆者と対話しながら読み進めることが大事だと考えています。

①　題名に目を向ける

筆者の題名のつけ方で思ったことを語りかけながら読む。

②　文章の書き出しに目を向ける

書き出しについて、文章全体で果たしている役割など、自分の思ったことや感じたことを語りかけながら読む。

③　読み手に語りかけている部分に目を向ける

小学生向けの説明文では、「……ではないでしょうか」のように、読み手に語りかける書き方をしていることが多い。それに対して、答えながら読んでいく。

④　具体例（事象）をあげている部分に目を向ける

わかりやすい具体例か、驚きのある例か、例の順

語りかけの例

① このつながりの中には、ぼくたちも入っているんだよね。おもしろい題のつけ方です。

①生き物はつながりの中に

③ ぼくたちに、語りかけていますが、くわしくは知りません。

イヌ型ロボットを③知っていますか。

⑤ よく観察したから、動きもそっくりに作れたんですよね。

生き物であるイヌの様子を⑤よく観察して、⑤そっくりな動きをするように工夫

⑤ ずいぶん時間もかかったんだろうな。研究した人はすごいですね。どんなところが大変だったか聞いてみたいです。

序は適切か、なるほどと思ったかなどを語りかけながら読んでいく。

⑤　**書き手にとって大事な言葉に目を向ける**

繰り返し使われている言葉、強調されている言葉や、「たどりつく」のような複合語、「……でも」のような副助詞に目を向けて、筆者の考えを読み取り、それに対して語りかける。

⑥　**文章のおわりの部分に目を向ける**

おわりの部分が、文章全体に果たしている役割を考える。小学校の説明文では、ここで全体のまとめをしている構成になっている。したがって、要旨（説明文で筆者の最も言いたかったこと）もこの部分に書かれていることが多い。

⑦　**筆者の考えや意見に目を向ける**

どのような事実（事例、事象）をもとに、どのような考えや意見を述べているかを読み取らせ

⑥・⑦　このことを、ぼくたちに言いたかったですね。すべての生き物が大切だということですよね。

⑥⑦自分を大切にすることと他を大切にすることは同じことだという気持ちになりませんか。そして、今、⑧あなたが生き物として生きているということが、とてもすてきなことに思えてきませんか。

⑧　この文章を書いた大事な意味は、ここにあると感じました。生きていることのすばらしさがわかれば、自分も大切にできるのです。

（光村　六年）

る。そして、書き手の意見に対して、自分なりの考えをもつことが大事である。ただ受け身の姿勢で、書かれていることに対して、なるほどと受け入れるだけでは不十分である。まして、以前によく行われていた、この部分は事実が書かれている、この部分は意見であると分けるだけの読みは、好ましくないことは明白である。

⑧　筆者が文章を書いた意図に目を向ける

森が地球にとっていかに大切かが書いてある文章で、直接は書かれていないが、子どもたち一人ひとりに、森を守っていく人間に育っていってほしいと意図（願い）しているような説明文は少なくない。高学年では、このような読みの姿勢も、必要になってくる。

この視点は、高学年でないと無理なものもありますが、低学年の段階から書き手と対話しながら読ませることは大事です。低学年では、「動物の赤ちゃんが産まれてすぐに歩くなんて、びっくりしたよ」「バスに乗ったら、座席がいくつあるか数えてみたいです」というような、感想や疑問を語りかける形から始めればいいでしょう。

低学年から書き手と向き合う姿勢をもって読まなければ、クリティカルリーディング（建設的批評読み）の姿勢は育たないでしょう。

低学年　読むことの基本十か条

～順序を読み取ることを重点に～

入学時の国語の学習はとても大事です。国語の力は、他の教科にも大きな影響を及ぼしますので、国語の嫌いな子どもにしてしまうと、学習全体の嫌いな子どもにしてしまう可能性が大だからです。そのようにならないためには、楽しく読むことを常に忘れないようにしましょう。

入学してくるほとんどの子どもたちが、平仮名を読むことができるのが現状です。だからといって、全員が平仮名を読むことができるという前提で授業を進めるのは、大きな誤りです。中には、数多くの漢字を読める子もいますが、それは知識にすぎません。知識が必要ないとは言いませんが、知識優先の授業にしてしまうと、すべての子にとって楽しい授業にはなりません。

1　拾い読みではなく、文として読むことができる。

2　学級の全員に聞こえるように、声に出して音読できる。

3　平仮名、片仮名、漢字のある文章をすらすらと音読できる。
4　文字以外の記号（句読点、「　」）などに気をつけて読むことができる。
5　自分の経験と結びつけながら読むことができる。
6　文章の大体を読み取ることができる。
7　簡単な絵や図と比べながら、文章の内容を読み取ることができる。
8　書かれている事柄の順序を読み取ることができる。
9　文章の内容を、自分なりに考えながら読むことができる。
10　少し長い文章でも、最後まで読み通すことができる。

一年生の夏休みの前までの目標として、たどり読みをする子がいなくなるようにしたいものです。たどり読みとか拾い読みといわれるのは、「あさがお」という言葉を「あ　さ　が　お」のように、一字ずつ切って読む場合です。

このような読み方は、言葉と切り離して文字としてのみ教えると起こりがちです。いずれにせよ、言葉として読んでいないのは問題ですので、教師の範読について読ませる、フラッシュカードを用いたり、はさみ読みをさせたりすることによって直すようにします。

中学年　読むことの基本十か条

～段落の構成に目を向けて～

低学年で身につけた読みの力を定着させ、発展させていく大事な時期が中学年です。要点や、段落を意識しながら文章の組み立てを読み取れるようにするのが、中学年の目標になります。

1　なめらかに、わかりやすく音読できる。
2　音読よりも早く黙読できる。
3　興味のある本を、自分で選んで読むことができる。
4　目次や手引きを活用して読むことができる。
5　読んで得た知識をまとめることができる。
6　要点を考えながら読むことができる。
7　大まかな文章の組み立てを考えて読むことができる。

8　課題を解決するために読むことができる。

9　前後の文脈から言葉の意味を推測して読むことができる。

10　子ども新聞や雑誌を読むことができる。

説明文を例に、中学年の読み方を考えてみましょう。まず、「要点とは文章中の大事なところ」ということを、実際の文章をもとに具体的に示すようにします。そして、そこがなぜ大事なのかを理解させるようにしなければなりません。

その手だてとして、文章には、話題を提示している段落、問題を投げかけている段落、具体的な例をあげている段落、答えを出している段落、書き手の考えを述べている段落などがあることを、実際の文章をもとに理解させます。

それぞれの段落の役割がつかめたら、中心になる文（キーセンテンス）を見つけ出します。見つけ出すためには、段落には型があることをわからせておきましょう。中心になる文は段落のはじめ、中ほど、おわりにあるものです。また、二つ以上の文にまたがっている場合もあります。型を見分ける力をつけるとともに、「このように」という言葉の後に要点の書かれていることが多いことも知っていると役に立ちます。

高学年　読むことの基本十か条
～書き手の述べたかったことを読み取る～

高学年は、中学校への準備をするという意味でも、文章の主題や要旨をつかむことができるようにするのが指導の目標となります。小学校学習指導要領から、主題という言葉はなくなりましたが、教科書の手引きを見ると、主題という言葉は使っていなくても、明らかに主題を考えさせている例は珍しくありません。

1　読み取った内容を表現しながら音読できる。
2　必要に応じて速読することができる。
3　読んだ内容について、自分なりの考えをもつことができる。
4　登場人物に共感したり、批判したりしながら読むことができる。
5　文章表現に目を向けて読むことができる。

6　目次、索引などから必要な部分を素早く見つけ出して読むことができる。
7　本や参考資料を読んで、必要な情報を探し活用できる。
8　自分に合った本を選択して読むことができる。
9　文章の組み立てをとらえて読むことができる。
10　文脈や辞書を利用して、読んだ本などから新しい語彙を獲得できる。

主題は文学的文章を通して作者の言いたかったことであり、要旨は説明的文章を通して筆者の最も言いたかったこととするのが一般的です。

指導要領から主題という言葉が消えたのは、あまりにも主題にこだわる教師がいたり、自分の考えた主題を子どもに押しつける教師がいたりしたことも原因の一つです。ファンタジー作品で、作者自身が「この物語には主題はない」と言っているのに、主題を問う授業も見られたりしました。子ども自身の考えた主題を大事にすることが、指導の基本となります。

説明的文章では、何がどのように書かれているかに気をつけて要旨を読み取るだけでなく、筆者の考えに対して、子どもたち一人ひとりが、自分の考えをもつことができるようにすることが求められています。

V

授業力を高める五つの鉄則

視点となる子どもを決めて
〜子どもの理解度を的確につかむ〜

十年も教師を続けていると、授業中に、教室全体を見渡すことができたり、落ち着かない子を見分けることができたりするようになります。また、学習している内容が理解できているかどうかの大体はつかめるようになります。

よりよい授業をするために、それで十分かというと、まだ十分とは言えません。大体の理解度はわかっても、一人ひとりの理解度までは、完全にはわからないからです。三十人以上の子どものいる学級で、授業中に全員の理解度を把握することは不可能でしょう。

その不完全さを補うには、視点となる子どもを決めるという方法があります。

進んでいる子（A児）、中ほどの子（B児）、遅れている子（C児）を抽出して、その三人を中心に見ていくという方法です。進度の異なるグループを構成して、そのグループに着目して見ていく方法もあります。「決められた子だけをよく見るのは不公平ではないか」と考えるかもしれませんが、その子たちだけを見るのではなく、ポイントとなるところで重点的に見るということです。当然のことながら、抽出する子どもは、日や週ごとに変えていきますので、長い目で見れば、全員が視点となる子どもになるということになります。

〈授業前〉

学習計画を立てる段階で、「この問題では、Aさんにはやさしすぎないかな」「Cさんが、わからなかったらどうしようか」というように、視点となる子どもの顔を思い浮かべながら、具体的に手だてを考えるようにします。

〈授業中〉

学習中に、抽出児の反応を見ながら授業を進めます。特に、作業をしているときには、理解度を確かめるようにします。B児が理解できないということは、学級の半数がわかっていないということになりますので、思い切った方向転換も必要になります。

〈授業後〉

授業後、視点となる子どものノートをよく見て、理解度を把握するようにします。時間があれば話し合うのもよいでしょう。その結果を、次の授業に生かすことが大事になります。

活動のバランスのとれた授業

～話し合いだけの授業はダメ～

教師には、活発な授業をしたいという願いがありますので、どうしても話し合い中心になりがちです。人が参観している保護者会や研究会では、なおさらこの傾向が強くなります。学級の子どもの半分が発言をする授業は、まあまあ活発に見えますし、三分の二の発言があると、かなり活発でうまくいった授業と思いがちです。けれども、三分の一の子は、まったく発言をしていないのです。

これでよい授業といえるのでしょうか。答えは否です。もちろん話し合いも大事ですが、話し合いだけの授業は、活動のバランスを欠いているのです。

物語や説明文を読み取る授業で、バランスのとれた授業とはどのようなものかを考えてみましょう。

第一の観点として、**音読の時間があったか**をあげることができます。

この頃、ほとんど音読をしない授業に出会うことがありますが、物語ばかりでなく、説明文でも音読は大事なのです。本時に扱う部分は、どんなに少なくても、二回の音読は必要になってきます。

第二に、**話し合いの時間があったか。**

話し合いによって、読み取りを深めたり、豊かにしたりすることができます。そのためには、なるべく多くの子が発言するような授業にしなければなりません。

第三に、**書く時間があったか。**

書くことには、時間も労力も要しますが、どうしても必要な観点です。力として最も確実に定着させることができるからです。書くことの習慣化を図るようにしたいものです。

第四に、**考える時間があったか。**

教師が発問をして、すぐに指名をするという形のみで授業が進むと、いわゆる反応の早い子ばかりを相手にすることになります。子どもの中には、じっくり考えるタイプの子もいます。ですから、自問自答しながら読むような時間も必要になってきます。

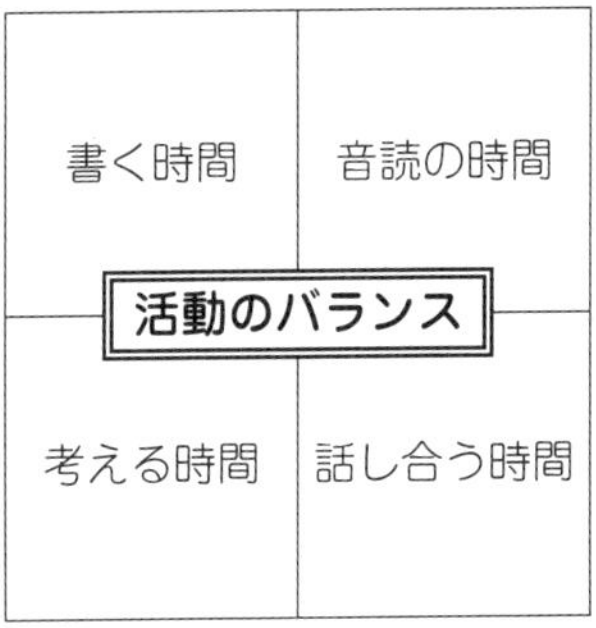

子どもの発言と教師の受け答え

～あいづち型をめざす～

発言の少ない学級では、「消極的な子どもが多いからしかたない」というように、子どもたちのせいにしがちですが、実は教師の子どもの発言に対する受け答えに問題のある場合も多いのです。

教師の受け答えには、いくつかのパターンがあるといわれています。それらをあげてみますので、自分はどの型かを検討し、よりよい受け答えになるようにしましょう。

① 繰り返し型

子どもの発言を直後に繰り返して言う型である。あまり悪いようには感じないかもしれないが、発言を聞いている他の子どもたちは、「後から先生がもう一度言ってくれるから、それを聞けばいいや」という意識になる。発言した子どもの意見をしっかりと聞き取るように、習慣づけるようにしなければならない。

② 言い換え型

子どもの発言を繰り返すのだが、そのままではなく教師の都合のいいように適当に変えて言う型である。よくない受け答えであることは明白である。あまりこれが重なると、子どもが発言することに意味がなくなり、教師が発問し教師が答えているということになってしまう。

③ 発問型

子どもの答えた後に、「そのことはわかったけれど、じゃあ○○はどうなの」と、他のことを発問する型である。答えられればいいけれど、当然答えられない発問もあるわけであり、警戒して手を挙げないようになってくる。

④ 評価型

「正解だよ」「間違っているよ」「なかなかいい答えだよ」「あまり感心しないね」と、そのつど評価する型である。よく評価

教師の受け答え

① 繰り返し型（×）
② 言い換え型（×）
③ 発問型（×）
④ 評価型（×）
⑤ 無視型（×）
⑥ 補足型（○）
⑦ あいづち型（◎）

されればいいが、悪い評価の場合もあり、徐々に全体に発言しにくい雰囲気になってくる。評価しなければ、教師としての役割を果たしていないと感じがちであるが、もっと大らかに考えてもよい。よい答えのときに、「すばらしいよ」「先生もそう思うね」と認めれば、間違ったときに否定する言葉を言わなくても、子どもたちには、教師がどのようにとらえているかは、自然に伝わるようになる。これも、教師のテクニックといえよう。

⑤　**無視型**

子どもの発言を無視する型である。そんなことはありえないと思うかもしれないが、研究授業などのときに起こりがちである。次に何を学習するかに気を取られ、下を向いて指導案を一所懸命読んでいる場合である。発言している子どもだけでなく、他の子どもも気づいているはずである。指導案は、しっかりと頭の中に入れておくようにしたい。

⑥　**補足型**

子どもの発言のたりない部分を、簡単に補足する型である。補足する部分が多いと、だんだんに言い換え型になってしまう。補足は、最少にとどめるようにしたい。

⑦　**あいづち型**

子どもの発言に「うん」「ううむ」「なるほど」というように、あいづちだけで余計なことは言わない型である。一般的に、この型が望ましいとされている。

わたしは、あいづち型をめざして授業をしていました。子どもたちにとって理想的な受け答えであったかどうかは自信がありませんが、高学年の担任をしていたときに、驚かされた経験があります。書かせていた学習日記に、どのようなときにどのようなあいづちを打つかをきちんと分析していた子がいたからです。子どもたちは、発言したときの教師の反応をきちんと見ているのです。受け答えの一つひとつがいかに大事かわかります。

子どもの学習日記の一部

「うん……うん……うん！」先生の口ぐせ。すごくいいことが言われそうな時の。

この声には二種類ある。話が違うほうにいっちゃって、目的が言われなかった時は、だんだん声が小さくなって、「ああ、そういうこともあるけど……」となる。しっかりと言われた時は、だんだん鼻息があらくなって、「そう、そうなんだ！」と結ぶ。

きょうは、みごと「そう！」になった。たとえられない満足感を感じる。こんな時だ。国語が好きでよかったと思うのは。今日は、満足できる授業だった。

効果的な言語活動を行う
～目標達成のための言語活動を～

どのような言語活動を取り入れていくかが、授業構成の大事な課題になっています。話し合わせていれば、言語活動を行っているという授業。単元のおわりの部分で、とってつけたように発表会を行う授業。はじめに言語活動を決めてから、単元構成を組み立てる授業。

これらは、みな的確で効果的な言語活動を行っているとは考えられない例です。よく言われる、活動ありて学習なしの授業になってしまっているのです。授業を通して身につけたい力である目標を設定して、その目標を達成するために最も効果的な言語活動を取り入れていくのが、正しい道筋なのです。

この原則を基本として、的確で効果的な言語活動になるための条件をあげてみましょう。

① 一人ひとりの子どもの個性を生かした言語活動になっているか。

② 言語活動の内容が子どもに適したものであるか。

③　系統的に位置づけられた言語活動であるか。
④　本当に主体的な言語活動になっているか。
⑤　言語活動に多様性があるか。
⑥　設定した言語活動ができない子どものための手だてがあるか。
⑦　子どもにとって満足感・充実感のある言語活動であるか。
⑧　言語活動評価のための視点をもっているか。

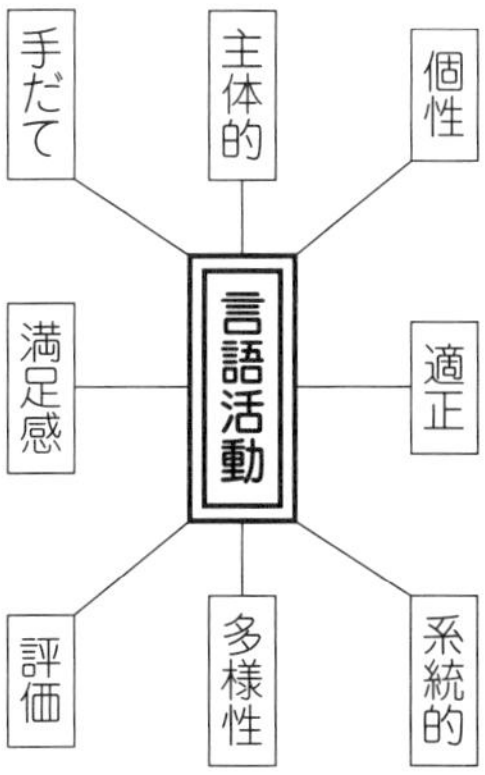

①は、一人ひとりの子どもを大事にした、個を生かすための条件であり、最も基本となるものです。②は、学級の子どもの話す・聞く、書く、読むという領域の力や、子どもたちの興味・関心をしっかり踏まえていないとクリアできない条件です。③は年間の計画が確立しているか、④は教師にやらされている活動になっていないかということです。⑤は単純で、いつも同じような言語活動になっていないか、⑥は活動に入れない子がいたらどうするかということであり、⑦は、子どもがやってよかったと感じる言語活動になっているかということです。⑧は、活動を通してどのような言語力がついたかを明確にするための条件になります。

研究テーマに即した指導案
～本時の授業もテーマに即して～

研究会等の学習指導案は、何回かの検討を重ねた後に出されていますが、それにもかかわらずよく見られる改善すべき点があります。それらについて、検討してみましょう。

〈明確な目標を〉

○場面の情景や登場人物の気持ちを読み取る。（単元目標）

この目標は、指導書などでよく目にしますが、「くじらぐも」（一年）にも、「スイミー」（二年）にも「一つの花」（四年）にも当てはまります。ほとんどの文学教材にあてはまるということは、あまりにも抽象的、一般的で、あってもなくても同じだということになります。

次の例のように、なるべく具体的に目標を立てるようにしましょう。

○くじらぐもと子どもたちの行動を中心に、場面の様子を想像を広げながら読む。

○父親の残した「一つの花」に込められた意味を、文章全体から読み取る。

以前は、目標の文末は「……ができる」のような形になっていましたが、現在は、例の形式が多いようです。

〈研究テーマに即した指導案を〉

研究テーマが、単元の展開や本時の展開にまったく表れていない指導案もかなりあります。どのような研究テーマでも、同じ形式の指導案になるのなら、テーマは飾り物にすぎないということになります。

たとえば、「教材の特性を生かした言語活動の工夫」という研究テーマで「くじらぐも」の授業をするならば、事前の研究で教材としての特性を話し合い、それに合った言語活動はどのように展開すればよいかを十分に検討しなければなりません。

検討に基づいた言語活動の工夫が、単元の展開にも本時の展開にも書かれていなければ、テーマに即した研究授業になっていないということになります。

学習活動	指導上の留意点＊　評価☆ テーマとの関連◇
3　くじらぐもに乗っている子どもたちの気持ちを想像して話し合う。	＊ワークシートに書いてから発表させるようにする。 ◇一人ひとりが、動作化をすることを通して気持ちを考えさせる。 ☆くじらぐもの子どもたちになりきって、気持ちを書いている。

【著者紹介】

大越　和孝（おおごし　かずたか）

東京家政大学、同大学院教授

1944年生まれ。東京学芸大学国語科卒業。東京都公立小学校教諭、筑波大学附属小学校教諭を経て、現職。日本国語教育学会常任理事

『新訂　国語科　理論と実践の接点』（2008年）、『言語活動例の展開』シリーズ（全３巻、共編著、2010年）、『子どもに教えたくなる国語科クイズ100』（2010年）、『「お手紙」の授業』（共編、2011年）、『どの子も花まる！漢字プリント集　中学年』（2014年。以上いずれも東洋館出版社）他、著書多数

豊かな国語教室のための授業作法

2015（平成27）年３月13日　初版第１刷発行

著　者：大越　和孝
発行者：錦織　圭之介
発行所：株式会社東洋館出版社
〒113-0021　東京都文京区本駒込5丁目16番7号
営業部　電話03-3823-9206　FAX03-3823-9208
編集部　電話03-3823-9207　FAX03-3823-9209
振替　00180-7-96823
URL　http://www.toyokan.co.jp
印刷・製本：藤原印刷株式会社
装丁・本文デザイン：寺田淳一（藤原印刷株式会社）

ISBN978-4-491-03096-8
Printed in Japan